K. Bernhard Stark

Aus dem Reiche des Tantalus und Croesus

Eine Reisestudie

K. Bernhard Stark

Aus dem Reiche des Tantalus und Croesus
Eine Reisestudie

ISBN/EAN: 9783743651272

Hergestellt in Europa, USA, Kanada, Australien, Japan

Cover: Foto ©Andreas Hilbeck / pixelio.de

Weitere Bücher finden Sie auf **www.hansebooks.com**

Aus dem Reiche des Tantalus und Croesus.

Eine Reisestudie

von

Dr. K. Bernhard Stark,
Professor zu Heidelberg.

Mit einer Karte und einer Lithographie.

Berlin, 1872.
C. G. Lüderitz'sche Verlagsbuchhandlung.
Carl Habel.

Das Recht der Ueberſetzung in fremde Sprachen wird vorbehalten.

Constantinopel mit seinem Menschengewühl auf und an der Brücke des goldenen Horns, mit seiner Reihe glänzender Moscheen auf den Höhen des alten Stambul, mit seinen Marmorschlössern an den Ufern des Bosporus lag hinter uns, hinter uns der herrliche Meeresstrom des Hellespontes, die heiße Wanderung durch die troische Ebene und der unvergeßliche Blick in die Tiefen des Idagebirges und auf die griechisch-thrakischen Inseln bis hinüber zu dem Berge Athos, hinter uns ein Tag verlebt in Mitylene auf der olivenbedeckten Insel Lesbos mit seinen gewaltigen Bergspitzen, seinem von griechischen Molen umsäumten Doppelhafen, seinen Tempelresten und Aquädukten in Mitten einer ächt griechischen, durch Schönheit ausgezeichneten Bevölkerung. Bis tief in die lauwarme Nacht waren wir auf dem österreichischen Lloydschiffe auf und abgewandelt, dessen Deck zu einem guten Theile eine Lagerstätte der verschiedensten Nationen bildete. Unaufhörlich und sicher arbeitete die Maschine uns zwischen den dunkeln Bergumrissen des Cap St. Maria und Cap Petras an der Südspitze von Lesbos und der hohen Bergkette des Festlandes, dem Kara-Dagh durchzuführen. Die weite Thalöffnung des Kaikos, zu der Gegend von Berghama einladend, entzog dann die Grenzen des Meeres im Osten dem Auge. Man hatte sich endlich auch in die Schlafkojen zur Ruhe begeben, leise umrauscht

vom Meer, in den Schlaf gewiegt durch die gemessenen Längen=
schwingungen des Schiffes.

Stunden auf Stunden waren verflossen, als die völlige
Stille und dann das Rasseln der Ankerkette uns weckte. Noch
brannte die Lampe in der Hauptkajüte, doch düsterer wie gestern
Abend. Im Dunkeln eilte man hinauf auf das Verdeck, wo
auch schon einzelne verhüllte Gestalten von den Bänken, auf
denen sie geruht, sich erhoben. Wir sind in Smyrna, ruft
man uns zu. In einiger Entfernung lagen große Dampfer
still, ganz unthätig oder mit den ersten Zeichen der neu geheizten
Maschinen. Bald wurde es lebendig von Barken, die aber still,
fast lautlos uns umkreisten, des Sonnenaufgangs und des Er=
scheinens der Sanitätsbehörde, die das von Constantinopel, dem
die Cholera unheimlich genaht war, kommende Schiff erst prüfen
sollten. Vor uns lag der langgestreckte, gebogene Häuserstreifen
der Marina von Smyrna, und immer deutlicher trat nun das
herrliche Panorama des Golfes von Smyrna aus der schwinden=
den Dämmerung hervor. Immer tiefer glühend ward das Roth
im Osten und endlich erstrahlte die Sonne über der weiten Land=
schaft und der Meeresfläche.

Also wirklich in Smyrna, der Perle des Orientes, dem
Mittelpunkte des anabolischen Lebens und Handels, in der uralt=
griechischen Stätte, wo zuerst die Lieder Homer's ertönten, wo
ein Mimnermos, der Kolophonier, zuerst die Liebeselegie dichtete,
wo auch noch die Spätzeit Redner und Dichter, wie Aristides
und Quintus Smyrnaeos erzeugte! Also wirklich jener grauschwarze
gewaltige Rücken im Norden ist der Sipylos, hinter dem wir
Magnesia zu suchen haben, dort wo die letzten Felsen schwarz in
die Tiefe sich senken, wo weißglänzende Haufen am Meeresufer
sichtbar sind, da ist das Mündungsland des Hermos, des größten
Flusses im westlichen Kleinasien, und weiter auf jenen niedrigen

Felshügeln im Nordost, wo der Golf sich schließt, stand einst Phokäa, die Mutterstadt Marseille's! Fast senkrecht steigen im Westen aus dem Meere die zwei Bergspitzen, die sogenannten Brüder auf, niederblickend zu den im Meer versinkenden Ueberresten des alten Klazomenae. Weiter nach Süden haben wir die Fluren von Vourla mit ihren Gärten voll edelster Feigen, Oliven, Trauben. Und über der Stadt Smyrna selbst erhebt sich der öde, von Steinbrüchen unterwühlte, scharf geschnittene Pagos mit seinem großen Genuesencastell und den Mauern des griechischen Smyrna, mit dem ganzen Ernst des herrlichen Cypressenwaldes an seiner dem Meere zugekehrten, äußersten Spitze. Dort ganz südlich zieht sich hinter den Pagos der tiefe, von Felswänden umgebene Thaleinschnitt, in dem die Straße nach Ephesos führt, jenes herrliche Thal der Aquädukte. Immer höher thürmt es sich daneben auf zu dem gewaltigen Katatybagh und Nifdagh, auch einem Olymp der Alten. Und wieder schließt sich das ansteigende, weite, reich bebaute Thal zwischen Olymp und Sipylos durch waldige Bergketten. Da geht es nach Nymphi zum alten Felsbild, Herodot's Sesostrisbild, und weiter die uralte, jetzt verödete Gebirgstraße hinüber in die Ebene von Sardes. Und um alle diese Bergmassen spielt bald sich tief einsenkend, bald wieder fliehend das herrliche tiefblaue Meer und freundliche Häuser und Gärten umsäumen die Landzunge in nächster Umgebung der Stadt.

Immer wieder folgt das Auge mit Hochgenuß diesem großartigen Linienschwung der Bergformen, diesem sich steigernden Farbenglanz der bestrahlten und beschatteten Flächen, Höhen und Tiefen und kehrt dann erwartungsvoll zu dem Nächsten, zu dem malerischen Aufbau von Smyrna, zu den in das Meer hineinragenden, auf Pfählen hinausgeschobenen Kaffee- und Badehäusern, Zollhäusern und Dampfschiffagenturen, zu dem in voller Arbeit begriffenen Steindamme und einzelnen Hafenschutzwehren, zu seinen Minarets und christlichen Kirchthürmen zurück. Jedoch wir wollen nicht jetzt näher eintreten in dieses Gewirr enger Straßen, in diese parallelen, langen Höfe des Frankenquartiers, wo wir auch unser deutsches Hotel, das Hotel Müller aufzusuchen haben. Wohl bietet die Stadt Smyrna und seine nächste Umgebung auch dem Interesse und dem Forschertriebe des vorzugsweise der Vergangenheit zugewendeten Reisenden reichen Stoff dar, mögen wir nun zunächst die verschiedenen Quartiere der hier neben einander angesiedelten Nationen, der Türken, spanischen Juden, Armenier, Griechen, Franken in ihrem Häuserbau, ihren Schulen, ihren religiösen Stätten besuchen, oder vorüber an den den engen Weg einnehmenden Kameelreihen zum Bazar uns durchdrängen und hier unter den Schätzen des modernen Gewerbfleißes uns nach jenen ächt persischen und türkischen Mustern der Teppiche, nach kunstvollen Waffen, nach griechischen Marmorköpfen oder Münzen umsehen, oder durch die Reihen der Fisch- Obst- und Brodhändler uns zu dem Castell S. Pietro durchfragen, das eben in seinen mittelalterlichen Mauern und Thürmen abgebrochen wird. Oder es reizt uns vor Allem noch hinauf zum Pagos zu steigen und von dem Schlusse des tief eingesenkten Stadiums, vorüber an der Cypresse des Polykarp, den Sonnenuntergang zu erwarten, nachdem wir zuvor an der Karawanenbrücke dem bunten Bild vorüberziehender Karawanen zugeschaut, heimkehrend von jenem herrlichen, stillen Platze am antiken Wasserbassin mit Platauen, dem sogenannten Dianenbad, vielleicht dem ächten Heiligthum des Meles und seiner Nymphen. Welche Bilder der griechisch-römischen Welt, dann des früheren Christenthums erweckt ein Besuch im Thale der Aquädukte mit seinen Grotten, seinen doppelten und dreifachen Bogenstellungen, die dasselbe kreuzen, mit seinen Felsen von Kalksinter überdeckt, seinen üppigen Feigengebüschen und Platanengruppen!

Doch genug! betrachten wir Smyrna als den festen Rückhalt, als die Basis eines weiteren Ausfluges in Kleinasien, als die zeitweise Heimath, die man bei jeder Rückkehr um so lieber gewinnt, wo deutsche Landsleute wetteifern, uns ihr einfaches, trauliches Familienzimmer, wie ihre glänzenden, von Musik durchrauschten Salons zu öffnen.

Zwei Richtungen öffnen sich uns als besonders angezeigt und Ausbeute versprechend, der Weg nach Süden in das Kayster- und Maeanderthal, nach Ephesus und Tralles, nach Norden in das Hermosthal, nach Maguesia am Sipylos und Sardes. Nach beiden Seiten führen bereits Eisenbahnen von Smyrna aus, wenigstens zu einem guten Theil, von englischem Unternehmungsgeist gebaut und geleitet. Jedoch täusche man sich nicht über die große Leichtigkeit und Bequemlichkeit, die Eisenbahnzüge zu benutzen. Sie liegen zunächst in ihren Bahnhöfen weit getrennt und der Weg dahin ist im Gewirre der Gassen nicht so leicht zu finden. Nach dem Süden geht täglich nur einmal ein Zug, wenn nicht unerwartet ein sogenannter Jägerzug früh um vier Uhr noch am spätesten Abend angeordnet wird oder Güterzüge wie in der Baumwollenerndte sich einschieben. Nach dem Hermosthal wird uns die große Bequemlichkeit zweier Tageszüge geboten. Wer sich das stolze Gefühl eines Extrazuges bereiten will, für den ist in Kleinasien allerdings immer Gelegenheit geboten. Die Wahl wird uns schwer. Dort im Süden lockt uns die Ruinenwelt von Ephesus bei dem Dorfe Ajasaluck, die ganze Cultur und religiöse Bedeutung dieser großen Metropole Asiens, lockt die Kunde von dem nun wirklich aufgefundenen Artemistempel, locken weiter die wenig gekannten Ueberreste griechischer Seestädte, wie Kolophon, Teos, Erythrae, locken die vielgerühmten

Fruchtgärten von Aïdie (Tralles), der ganze Segen der mäandrischen Ebene. Im Norden und Osten winken die stolzen, vom Erdbeben tief zerrissenen Gebirge und das fruchtbare, zum Theil noch heute blühende Land zu ihren Füßen, locken die ältesten Stätten von Machtbildung im vordern Kleinasien, wie sie an die Namen Tantalus und Krösus sich anschließen, da reizen uns die Mährchen des Orients von Goldströmen, von thräuenden Felsen, von tönendem Schilfe am See, da die Bilder der alten bakchischen Heimath mit Chortänzen und berauschender Musik, da die Sagen von Menschenpracht und Uebersättigung und von jähem Falle. Es sei denn gewagt und zu einem **Ausflug in das Reich des Tantalus und Croesus** eingeladen!

Aus uralter Zeit tönt zu uns herüber die Sage von einem Sohne des höchsten Gottes und der Göttin Reichthum (Pluto), von dem in einer Stadt am hohen Götterberge thronenden Tantalos, welcher selbst Tischgenosse der Himmlischen war, Theilnehmer ihrer Berathungen, Mitwisser ihrer Beschlüsse, dessen Reichthümer, dessen Goldpfunde sprichwörtlich waren, von seiner Gemahlin Dione, einer Okeanos- oder Atlastochter, Nymphe der Frühlingspracht am strömenden Quell, am Bergeshang, von ihren Kindern Pelops und Niobe, dem schönen gewandten, in die Ferne ziehenden, rossellenkenden, die schönste Braut im Wettstreite der Wagen erringenden Königsohne, von der edeln, stolzen, in ihrer Kinderfülle unantastbar sich fühlenden Gemahlin des gesangesreichen Amphion zu Theben. Wir kennen auch den gewaltigen Fall dieser Herrlichkeit. Tantalus mißbraucht der Götter Vertrauen, er plaudert die Geheimnisse derselben aus, ja er täuscht die Götter selbst, indem er sie zu Gaste ladet; in Grauen hüllt sich seine Frevelthat, er wagt es den eigenen Sohn den göttlichen Gästen als Speise vorzusetzen. Nun bricht über ihn die Strafe ein und wirkt Unheil auf Unheil zeugend im Hause der Tantaliden weiter. Eine gewaltige Katastrophe erfolgt: der Königsthron wird zertrümmert, der Palast von Erdbeben erschüttert und von Feuerflammen verzehrt, die Stadt versinkt mit den lachenden Fluren in die Tiefen des Sumpfes, ein gewaltiger Fels schwebt ewig drohend über ihm, ja er selbst schwebt immer bedroht wie zwischen Himmel und Erde. Oder er wird in die Tiefe des Hades gebannt als großer Sünder und die Homerische Poesie kennt ihn dort (Odyss. 11, 583 ff.):

„mitten im Teich dastehend, der nahe das Knie ihm bespülte;
„lechzend strebt er vor Durst und den Trunk nicht konnt' er erreichen,
„denn so oft er sich bückte, der Greis, nach dem Trunke verlangend,
„schwand ihm das Wasser zurück und versiegete, daß um die Füße
„schwarz der Boden erschien, denn es trocknete solchen ein Dämon.
„Ragende Bäume auch neigten ihm fruchtbare Aest' um die Scheitel,
„voll der balsamischen Birn', der süßen Feig' und Granate,
„auch voll grüner Oliven und rothgesprenkelter Aepfel,
„aber sobald aufstrebte der Greis, mit den Händen sie haschend,
„schwang ein stürmender Wind sie empor zu den schattigen Wolken."

Der Sohn Pelops muß die Heimath schon vorher verlassen, bedroht von auswärtigen Feinden, oder gelockt von fernem Liebeszauber, er gewinnt durch Gewandtheit und Gold die fremde Fürstentochter und ein Reich, aber auch er versündigt sich schwer in Arglist und Treulosigkeit gegen seine Helfer und Genossen, er ladet dadurch schwere Schuld auf sich, sieht seine Kinder weit zerstreut in Peloponnes, er selbst kehrt in die zerstörte Heimath nach dortiger Sage zurück. Und Niobe sieht alle ihre Kinder um sich sterben im jähen Tod, sie verliert auch ihren Gemahl, mit der Leiche der Kinder kehrt sie in das Vaterhaus zurück, jedoch das findet sie im Erdbeben zerstört. Da fleht sie um die Gunst der Verwandlung und als ewig thränender Fels sitzt sie über dem Grab der Kinder im fernen Gebirge.

Ein tief gedachter, ergreifender Mythus von Menschenglück und Ueberhebung, von menschlichem Sturz! Ueberall, zu allen

Zeiten, in allen Landen kann er sich ereignen, zunächst ohne alle historische Unterlage erscheint er, aber wohl eine tiefliegende Parallele mit dem Wechsel und großen Katastrophen im Naturleben schließt er in sich. Und doch trägt er in diesem Parallelismus des Menschenlebens mit der Natur unverkennbar eine lokale Färbung und nach seiner menschlichen Seite die Spuren besonderer, uralter historischer Erinnerungen.

Es hat in vorhistorischer Zeit eine Machtbildung am Sipylos, im Hermosthal und hinüberreichend nach dem an dem Südabhange des Gebirges sich erstreckenden Golfe von Smyrna, nach einer die Schiffe bergenden und mit der überseeischen Welt verkehrenden Stätte gegeben und zwar im Bereiche einer den Griechen verwandten Bevölkerung, wie sie notorisch über die ganze Westküste und die unteren westlichen Thäler Kleinasiens in ältester Zeit sich erstreckt und als nächste Nachbarn phrygischer Stämme mit diesen in vielfacher Mischung sich darstellen. Sie werden hier im untersten Hermosthal und dem ganzen Lande Lesbos gegenüber einfach Pelasger, weiterhinauf im Thale Mäonen, an der Küste Leleger genannt und mochten als letztere auch mannigfache karische, semitische Elemente in sich schließen. Reichthum des Bodens, blühender Ackerbau, mannigfache, früher hierher aus dem innern Asien verpflanzte Cultur der Bäume, besonders des Weinstockes, bedeutende Viehzucht, Kenntniß der Schätze der Berge und frühe Gewinnung von Gold in ihren Bächen, Zucht und Lenkung der Rosse, endlich auch Kenntniß der Meerfahrt vereinen sich, diesem Königreich mit dem Hauptsitz an der Nordseite des Gebirges Glanz und Einfluß zu sichern, ähnlich wie im Bereiche des Idagebirges und in der Hellespontgegend Troja sich als ein solches blühendes, über das Niveau des Gaukönigthums weithinausragendes Reich darstellt. Manche Kunstthätigkeit wie Färberei, Weberei, Bearbeitung von Elfenbein, von edlen Metallen war hier bedeutend früher entwickelt als in Griechenland selbst. Diese Machtbildung verschwindet, wird gebrochen, ob in einer einmaligen Katastrophe oder durch wiederholte Schläge, ist nicht näher zu erweisen. Die Einwirkung dieses Ueberganges der Macht auf Griechenland und zwar ganz besonders auf den Peloponnes ist unverkennbar; es findet mit einer Auswanderung herrschender Geschlechter eine Verpflanzung von Reichthum und von Kunstthätigkeiten, von religiösen Culten und Bauformen, von neuen Gesichtspunkten auch im politischen Leben statt. Der Glanz, der die achäischen Herrschersitze in Argos, Mykenä, Sparta, am Alphäos umleuchtet, trägt jene Spuren kleinasiatischer Einwirkung bestimmt in sich.

Bei diesem Untergange des Reiches am Sipylos — nennen wir es kurzweg mit dem mythischen Namen das Reich des Tantalus — haben große Naturereignisse und wichtige historische Bewegungen der Völker zusammengewirkt, Naturereignisse, wie sie begründet sind in der geologischen Gestaltung des Bodens und notorisch an diesen Stätten immer neu sich vollzogen haben. Die östliche Hauptmasse des Manissadagh oder Sipylos besteht zwar aus krystallinischem Kalk, Glimmerschiefer und ähnlichem Gestein, aber unmittelbar daran gränzen und bedingen den ganzen westlichen Theil des Gebirges Trachytmassen mit schwarzer, zackiger Felsbildung, mit gewaltigen Abstürzen des Bodens, mit rötblicher, gelblicher, schwärzlicher Färbung desselben und diese Trachytbildung setzt sich unmittelbar auf der andern Seite des Hermosflusses fort im Temnosgebirge, dem heutigen Kara Hassandagh, wie auch vielfach sie über den Golf von Smyrna hinüber greift. Der große Haupttheerd fortwährender vulkanischer Bewegungen, die sogenannte Katakekaumene, das verbrannte Land, mit ihren Vulkanen, alten Kratern, Aschenfeldern, liegt weiter östlich im oberen Hermosthal, aber doch noch nahe genug. Und das an die Stelle der alten Sipyloßstadt später getretene Magnesia weist in seiner Geschichte bis in die neueste Zeit solche furchtbaren Katastrophen mehrfach auf. In dem großen unter Kaiser Tiberius im J. 17 eingetretenen, zwölf Städte jener Gegend heimsuchenden Erdbeben hatten die Magneten nach Sardes am allermeisten gelitten: da hatte nach Tacitus Schilderung (Ann. II. 47) die Erde sich aufgethan, gewaltige Berge sich niedergesenkt, Ebenen waren zu steilen Bergen geworden, Flammen waren zwischen dem ungeheuren Zusammensturz hervorgebrochen. Nun hören wir ausdrücklich noch von verschiedenen, nach einander an jener Stätte des alten Sipylos erfolgten Städtegründungen mit verschiedenen Namen, die aber schließlich durch das Einsinken der Erde, durch Bildung eines großen Sumpfsees beendet seien. Wohl verlohnt es sich der Mühe, von diesen Berichten an Ort und Stelle sich zu überzeugen und zugleich nachzuforschen, ob an gleicher Stelle Zeugnisse uralter Cultur etwa im lebendigen Felsen unzerstörbar bewahrt sind.

Hinzukommt aber auch eine historische Thatsache: es ist dies das Vordringen des semitischen Elementes in Asien, das Herrschendwerden semitischer Herrn im oberen Hermosthal, welche dort in Sardes einen neuen, wesentlich anders gearteten Mittelpunkt sich schaffen, vorher aber noch die bis über das Hermosthal sich erstreckende Hegemonie des troischen Staates, in dem überhaupt die nicht griechischen, specifisch asiatischen Einflüsse außerordentlich viel stärker sich zeigen, als im Tantalosreich. Es wird von Kriegen des Ilos mit Tantalos und Pelops, von einer förmlichen Besiegung der Tantaliden, von der dadurch bewirkten Auswanderung des Pelops gesprochen. Im Homer sind die Maeonen im Hermosthal ebenso wie die Pelasger an der Küste Vasallen von Troja.

Als sichtbare Zeugnisse der alten Tantalosherrschaft wurden

im Alterthum selbst verschiedene Gegenstände bezeichnet; einheimische aber weit gereiste und geschickt vergleichende Alterthumskundige, wie ein Pausanias, geben darüber genaue Auskunft. Da gab es noch am Sipylos das sehenswerthe Grab des Tantalos, der also wie ein alter Landesheros doch in seinem Lande feierlich begraben und mit Grabhügel und Grabstein geehrt war. Da wurde ein Thronsitz des Pelops auf dem Gipfel des Berges über dem Heiligthum der Göttermutter von Plakia gezeigt, von wo man herrlich die ganze Landschaft diesseit und jenseit des Gebirges überschauen konnte, wie solche Königsrasten, Königsstühle im griechischen Alterthum wie in deutscher Vorzeit auch sonst genannt werden. Da wurden uralte Bilder der Göttermutter und der Aphrodite von Myrtenholz, einst von Pelops gestiftet, noch hoch verehrt. Da wurde der Tantalossee und endlich das ehrwürdige Felsbild der weinenden Niobe, das in der Nähe wie ein Naturspiel, ein Felsabsturz erschien, aufmerksam betrachtet.

Noch ist heutigen Tages der Manissadagh, so nahe an Smyrna gelegen, gar nicht genügend durchforscht worden. Das Gebirge ist überaus öde und vielfach zerklüftet, an der Nordostseite fast unersteiglich bei einer Neigung der Bergmasse von nahe an 70°, fast ohne jedes Dorf oder dorfähnliche Anlagen, von Hirten zunächst nur durchzogen, ein rechtes Revier kühner Jäger, welche hier noch in den letzten Jahren junge Panther fanden, die augenblicklich noch in Smyrna sich befinden. Dazu bildete das Gebirge bis vor Kurzem den Mittelpunkt eines großartigen Räuberlebens, dem erst bei dem Bau der Eisenbahn durch eine förmliche Militärexpedition und massenhafte Hinrichtung der Hauptpersonen ein Ende gemacht wurde. Vor den Thoren Smyrna's herrschte vor ein Paar Jahren noch große Unsicherheit. Dazu fehlt den für historisch-archäologische Fragen sich dort Interessirenden es meist an der genauen Kunde der überhaupt zu stellenden Fragen, an einer ruhigen und allseitigen Prüfung der Quellen. Man hat z. B. nach dem Thronsitz des Pelops auf dem Gebirge kaum je gefragt. Man versetzt den Tantalossee an sehr verschiedene Punkte. Die genauern Kenner der Lokalität fanden ihn meist in den sog. Kara Ghöl, auf der Höhe des Gebirges zwischen Menimen und Manissa. Aber über das Tantalosgrab und über die Tantalosstadt, sagt man uns, da kann doch kein Zweifel sein, sie liegen da drüben jenseit der Bai auf jener nächsten Spitze und felsigem Plateau über dem Meere zwischen Corbileo und Burnabat.

Folgen wir denn dieser Mahnung, es sei der Anfang der Wanderung im Reiche des Tantalos gleich in Smyrna's Nähe gemacht! Mit einigem Proviant versehen, geleitet von unsern smyrnäischen Gastfreunden, dem deutschen Pfarrer und seiner liebenswürdigen Gemahlin, besteigen wir bei Sonnenaufgang ein Boot an der Marina von Smyrna, ein leiser und doch wirksamer Südwesthauch führt uns fast in Stundesfrist über den herrlichen Golf an den einfachen Landungsteg der letzten Häuser von Corbileo, welches hornartig in die See hineinragend aus anmuthigen Landhäusern und trefflich gehaltenen Fruchtgärten besteht. Zwischen Weingärten gelangen wir bald in ein von einem Bache im Frühjahr durchrauschtes, jetzt ganz wasserloses, dürres Felsenthal, das um eine hochragende Felsspitze rund herumführt und hoch oben im Gebirge endet. Es gilt rechts abzulenken und hinauf zu dem Felsengrat zu klettern, der in großen Absätzen mit vorspringenden Klippen, förmlichen Nadeln, hinauf zu der von der Südseite unersteiglichen alten Akropole führt. In der That gehört dies Hinaufklimmen auf die Trachytfelsen zu den anstrengendsten Dingen eines klein-asiatischen Ausfluges. Dazu kommt eine fast erstickende Hitze, welche regelmäßig morgens bis gegen 10 Uhr sich bei Smyrna einstellt, um dann dem erfrischenden Seewind in erfreulichster Weise zu weichen. Endlich ist der erste Absatz glücklich durch Felsen, zwischen dichtem, stachlichtem, dicht verwachsenem Gebüsch erreicht. Da entdeckt einer unserer jüngeren Freunde auf einer weit vorspringenden Felsklippe hinaufführend zwei in Felsen gehauene, alte Reihen von Stufen; auf der künstlich geebneten Oberfläche des Felsens selbst ein scharf eingeschnittenes, rechteckig, etwas über 2 Meter langes, nahe an 0,90 Meter tiefes Loch, ein geöffnetes Grab, dessen Bedeckung und wohl auch markirende Bezeichnung verschwunden ist. Um die Südseite des Felsens ziehen sich Reste einer einst einschließenden, und an die vordere Felswand sich anschließenden, polygonalen Mauer an. Eine weitschauende Warte und auf dieser ein einst weithin sichtbares Grab!

Endlich ist auch die Hauptspitze der Felsmassen erstiegen und wir befinden uns auf einer länglichen, ganz geebneten Hochfläche, auf einem hochragenden Vorsprunge des Gebirges, dessen höchster Hauptrücken mit seinen eingerissenen Seitenwänden, seinen jetzt wasserlosen, schräg herumführenden Thälern, seinem zu unserm Standpunkt mit Klippen herüberführenden Sattel, seinem jetzt braunen Gestrüpp und ferner Waldung hinter uns sich ausbreitet. Nach vorn stehen wir über 1200 F. hoch über dem Meere, gerade gegenüber dem in weitem Bogen unter dem Pagosberg sich hinziehenden heutigen Smyrna.

Ein herrlicher, ebenso großartiger als erfrischender Anblick bietet sich uns in der Fülle der grünen Gartenzone, die die Stadt umgiebt, die zu unsern Füßen das Meer umsäumt, die drüben bis zu den grotesken Gipfeln der Bruderberge sich hinzieht, und dazu das herrliche, alles umspülende Meer. Um so schärfer stellt sich gerade der Gegensatz gänzlicher Einsamkeit, Einöde, Trockenheit und Unkultur in dem Felsenthal nach Norden und den Gebirgshöhen dar.

Wir haben zuvörderst hinter den Felsklippen der Nordseite Schutz gegen die Sonne gesucht und uns bei einem Glase trefflichen Chierweins gestärkt. Beginnen wir nun unsere Rundschau auf diesem länglichen, an 150 F. nur langen Plateau, das nach Süden und Südwest ganz unzugänglich ist durch die Natur der Felsabstürze selbst, nach Osten dagegen sich weiter ausbreitet, hier an der breiten, zugänglichen Seite aber auch die stärkste Befestigung in gewaltigen Polygonalmauern erhalten hat. Es zieht sich hier vor der engsten Umrandung eine Art Halbrund herum, künstlich auf Untermauern hergestellt. Ueberall greift hier menschliche Arbeit in das Werk der Natur ein, schmiegt sich ihr an, ergänzt sie andrerseits. Wir haben es mit Mauerbauten aus Steinblöcken von 7—8' Länge, 3—4' Höhe zu thun, mit jener bereits aber entwickelten Form des Polygonalbaues, wo die parallelen Schichten festgehalten sind, wo die Ränder der Steine scharf bearbeitet und in einander gepaßt sind. Ein 7' hohes Thor mit einem Riesenstein überdeckt und schräger Neigung der Seitenflächen führt durch einen mit Steinmassen verschütteten Gang in den innern Raum. An die Anlage einer Stadt kann natürlich hier oben nicht gedacht werden, schwerlich auch an die Wohnung selbst eines alten heroischen Königs, aber wir haben hier den letzten festesten Halt, die Zufluchtstätte einer tiefer liegenden großen menschlichen Wohnstätte, zugleich auch die Stätte des ältesten Cultus.

Wir klettern nach Südost mühsam hinab und gelangen nun auf eine immer noch hohe, mit jener ersten Warte correspondirende Fläche, die nach Osten sich weiter und breiter hinzieht, und hier nun terrassenartig nach dem Ort Burnabat zu absteigt. Hier haben wir nun ausgedehnte Stätten menschlicher Ansiedelungen. Sind auch die großen Steinumzäunungen von Vierecken in ihrer jetzigen Ordnung mehr das Werk hier ihre

Heerden zusammenhaltender Hirten, so sind die Steine selbst und manche Eintheilung wohl auch Reste früherer Anlagen. Hier findet sich auch etwas weiter etwas Wasser, so daß Texier, freilich mit viel Phantasie, selbst von einem kleinen See reden wollte. Wir schreiten vor zu einer Gruppe eigenthümlicher, großer Steinhaufen. Der größte derselben wird mühsam umklettert und dann erstiegen, in der That eine gewaltige Anlage, die man erst bei sorgfältigerem Betrachten in ihrer ganz bestimmten Struktur kennen lernt. Das ist das Grab des Tantalos, nach der alten, schon von Cousinery und Fauvel vertretenen Ansicht der Smyrnäer, nach der Ansicht von Texier, der zuerst 1835 diese ganze Ruinstätte genauer untersucht, gezeichnet und freilich mit bedeutender Zerstörung des Ganzen den Tumulus im Innern geöffnet hat. Ein ganz runder, im Durchmesser von 110' (nach Texier 33,1 M.) haltender Unterbau ist noch in seiner Außenseite wohl zu erkennen, selbst Theile einer sehr einfachen, aus mehreren Platten aber ohne Rundleiste, soweit wir sehen konnten, gebildeten Bekrönung. Darüber ist dann ein künstlicher Kegel von kleinen Steinlagen geschichtet, welcher jetzt allerdings sehr bedeutend erniedrigt, nach der Richtung der Seitenlinien über 80 Fuß sich erhob (27,60 M. nach Texier). In der Mitte dieser concentrisch gelegten Steinreihen, die zugleich durch radiale Bindemauern verbunden sind, befindet sich ein jetzt offen liegendes, leider zum Theil wieder mit Steingeröll zugeschüttetes Gemach von aller sorgfältigster Arbeit, etwa 12 F. lang, von 5 F. an nach unten sich erweiternd, 9 F. hoch (3,36 M. lang, oben 1,23 M. breit, nach Texier 2,85 M. hoch).

Es ist in jener uns wohl bekannten Form spitzbogiger Scheingewölbe gebildet, die sich für Grabgemächer in die Blüthezeit Griechenlands herab wenigstens im griechischen Orient erhalten haben. Der oberste Deckstein fehlt über der schmalen

Oeffnung. Der Inhalt des Gemaches war schon verschwunden, als Texier dasselbe öffnete. Es ward vollständig gereinigt und man bereitete in dem Grabgemache bald darauf einem österreichischen Erzherzoge, ich glaube Maximilian, dem nachherigen Kaiser von Merico, ein Frühstück. Heutzutage ist es mehr als unbequem in demselben gebückt zwischen den herabgerutschten Steinmassen herumzusteigen. Auch ein kolossaler, kolbenförmiger, kugelartig endender Stein, einst als bekrönender Abschluß darauf aufgestellt, ward gefunden, ein Phallus, das Symbol einer immer neu zeugenden Lebenskraft, welches von Syrien und Phönicien, über Lydien nach Griechenland und Eturien sich verpflanzt hat. Weiter südlich und südöstlich zieht sich eine ganze Gruppe von kleineren Grabhügeln ähnlicher Anlage hin, auch mit ähnlichen Steinen ausgestattet. Texier beschreibt ihrer zwölf. Unsere Freunde haben bei wiederholten Besuchen eine genaue Aufnahme der Anlage gemacht, deren Veröffentlichung wir uns bald freuen können.

Wir stehen hier in der That bei einer jener Grabstätten, die die Alten selbst schon als Lelegia, als Amazonengräber, als phrygische von Pelops Genossen von Lydien nach Griechenland verpflanzte Grabform bezeichnet haben. Sie erscheinen fast immer auf längeren Bergrücken, angeschlossen an die höher aufsteigenden Akropolen, doch noch im Bereich der davon ausgehenden Mauerzüge. Wohl haben wir den Fuß in das Reich des Tantalos gesetzt, wir finden hier Gräberanlagen, wie wir uns das Grab des Tantalos zu denken haben, wir befinden uns hier in einer altlelegischen, sich auf Tantalos als Gründer zurückführenden, aber auch mit Amazonen in Verbindung gebrachten Stadt, aber diese Stadt ist nicht Sipylos, nicht Tantalis, deren Lage übereinstimmend auf die Nordseite des Gebirges, in den Bereich des Hermosthales versetzt wird, sie ist vielmehr die in der Zeit des Augustus,

von Strabo noch wohl in ihren Ruinen gekannte Stadt Alt=
smyrna oder Naulochon, die Stadt der Leleger, die dann durch äoli=
sche und ionische Colonisation, besonders von Kolophon aus verstärkt
und erweitert ward, deren Fuß das Meer zum Theil noch heute
bespült, zum Theil das angeschwemmte Land umschließt, eine volle
Stunde weit in gerader Entfernung, aber jenseit des tiefsten Busens
von dem spätern Smyrna angesetzt, bereits am Ende des 8. Jahr=
hunderts von Lydern unter Gyges erobert und zerstört. Vier
Jahrhunderte vergingen, bis durch Alexander den Großen und
Antigonos den in offenen Flecken, zerstreut über das herrliche
Land am Golf wohnenden Smyrnäern ein neuer fester und präch=
tiger Mittelpunkt am Berge Pagos und auf der Stelle des heu=
tigen Smyrna gegeben ward.

Steigen wir hinab von Felsabsatz zu Absatz, über Spuren
künstlicher Stufen und Mauerzüge, zuletzt über ein reiches, tief
eingerissenes, ganz zersetztes Gestein zum Strande, wo jenseit
eines jetzt trockenen Sumpfterrains der Eisenbahndamm hart
am Meere sich hinzieht. Ein Theil unserer Begleiter, der es
vorgezogen hat, diese schwierige Wanderung zum sog. Tantalos=
grab nicht von der Akropole aus noch mitzumachen, harrt dort
mit der Barke uns mit Trauben, Feigen und Melonen zu laben.
Ein starker Südwestwind läßt uns nicht so rasch zur Stadt zu=
rückkehren; tüchtig bespritzt von den Wellen, in weitem Umweg
unter dem Schutze des Ufers von Corbileo hin, dann hin= und
herkreuzend gelangen wir nach zwei Stunden endlich zur Stadt.

Wir müssen weiter ziehen, um von den Gränzen zu dem
Mittelpunkte des Tantalosreiches zu gelangen. Wir be=
nutzen die neue Eisenbahn von Manissa und Kassaba, die wir
soeben gekreuzt. Einer der Hauptbeamten der Bahn, Herr Con=
sul Spiegelthal aus Westphalen, der vom regsten Eifer für För=
derung wissenschaftlicher Zwecke seiner Landsleute erfüllt ist, hat

die Güte uns selbst zu begleiten auf dieser Fahrt, ja er ordnet an, daß der Eisenbahnzug jenseit Manissa, unmittelbar in der Nähe des Niobebildes am Sipylos eigens für uns halte, um so in einer vollen Tagestour den Ausflug zu vollenden und doch hinreichende Zeit an jener Stätte zu gewinnen.

Eine Eisenbahnfahrt in Asien hat schon an und für sich etwas Eigenthümliches bei aller Gleichförmigkeit, die die große völkerverbindende Erfindung auch überall nothwendig mit sich hin bringt. Wir wollen auf die streng abgeschlossenen Frauencoupés mit den verhüllten und doch so neugierig blickenden Türkinnen in ihren ganz eigenthümlich bunten, rosarothen, maigrünen, hellblauen Seidengewändern neben ganz europäisch gekleideten Frauen nicht besonders hinweisen. Schon die reiche und bunte Bewaffnung unserer Reisegefährten, die zu einem wahren Arsenal an Dolchen, Pistolen, Messern sich gestaltet, interessirt uns, ebenso die wunderbaren Hirtencostüme und dazwischen die große Zahl schwarzer Gesichter. Auch die an den Bahnhöfen aufgestellten starken Reiterposten, die neben den Schienen ruhenden Kamele, die der Befreiung von ihrer Last geduldig harren, die großen Haufen Baumwollen- und Feigensäcke, die Fülle eigenthümlicher Kuchen und Kringelarten, welche ausgeboten werden, endlich die mehrsprachigen Ankündigungen sind uns neu.

Wir sind gegen sieben Uhr von Smyrna abgefahren und umkreisen zunächst im weiten Bogen die letzte Abrundung des Golfes, die durch Dämme abgeschlossene weite, schilfbedeckte, an Salzblüthen reiche Sumpfstrecken aufweist. Wir haben hinaufgeblickt zu den Felshöhen, die wir vor wenig Tagen erklettert, die gesegneten Fluren von Cordileo und anderer kleinerer Orte, bis zu denen die Sommerfrische smyrnäische Familien und mit ihnen europäische Cultur lockt, liegen hinter uns. Noch rasch wird ein Korb mit Weintrauben eingenommen, der uns später laben soll. Die Berge zur Rechten werden niederer, aber bleiben braun, ja schwarz; zur Linken, wo wir eine Zeit lang hart am herrlichen Meer hingefahren sind, dehnen sich nun mit Mauern eingeschlossene Flächen aus, darin aufgehäuft Salzpyramiden, die in der Ferne als weißglänzende, kleine Haufen die Aufmerksamkeit erregen. Die Salzgewinnung in Lagunen mag hier uralt sein. Nicht umsonst hieß wohl im Alterthum eine kleine griechische Stadt am Uferrand Leukai, ein Name, der noch heute im Ortsnamen Levkaes fortlebt. Wir fahren am großen Mündungsdelta des Hermos, des jetzigen Gediscai hin, einem zum großen Theil öden, nur von Büffeln und wilden Ziegen bedeckten Land, wohl erinnernd an die Comarque, das Rhonedelta, an dessen Rande die Anwohner des Hermosdelta, die Phokäer sich einst niederließen. Im Winter ist dasselbe fast ganz von Wasser überfluthet. Einzelne Reiter sprengen über die weite Fläche, Kameele ziehen wie gelangweilt schräg hinüber zu den fernen Bergen, durch die der nächste Weg nach Berghama führt. Wie war es hier doch anders, als fleißige Pelasger des alten Larissa mit künstlichen Dämmen ihre Ländereien sorgfältig gegen Ueberschwemmungen schützten, die Gewässer regelten, sammelten, vertheilten, als der smyrnäische Sänger in Neuenburg (Neonteichos) bei dem Schumacher Tychios weilte und die Schwarzpappel, unter der er seine Lieder vorgetragen, noch spät hochverehrt ward!

In weiter Biegung folgt die Eisenbahn dem Westfuß des Gebirges und tritt nun in das engere Hermosthal allmälig sich nordöstlich wendend ein. Der Fluß bot im September, allerdings der Zeit seines niedersten Wasserstandes, das Bild eines deutschen Mittelflusses, etwa der thüringischen Saale: gelbbraun zieht er sich zwischen hohen Lehmwänden, auch wieder über Kiesflächen hin. Wir sehen ihn aber bald als vollen, eng zusammengedrängten, raschfließenden Gebirgsfluß in dem stundenlangen Engpaß steiler

Trachytfelsen, durch die er sich durchkämpft. Die Station Meni= meu liegt hart am Eingang, selbst noch in herrlicher, rings um= schlossener kleiner Ebene. Nie vordem sah ich solche Granaten, Feigen, Erdbeerbäume mit voller Früchtepracht, dazwischen Ulmen, Platanen und Pappeln. Aber in dieses in der That überraschende, verlockende südliche Bild drängt sich ein starker Mißklang: da drüben über den Bäumen kündet eine gelbe Flagge eine durch Krankheit gefährdete Stelle, eine abgeschlossene Welt des Elends. Der Aussatz hat in dieser Stadt sich eingenistet, und nachdem man es längere Zeit verheimlicht, sind nun, nachdem es einmal ruchbar geworden, hunderte von Personen in Baracken und unter Zelte vor die Stadt gebracht und leben nun hier als verabscheute Aussätzige in hülfloser Abgeschlossenheit. Doch dies Bild des Elendes schwindet rasch; an den Ruinen des alten Temnos, in dessen Nähe beim Eisenbahnbau ein sehr großer Münzfund ge= than wurde, an der Mündung eines wilden Bergthales, das seine Gewässer vom sogenannten schwarzen See hoch im Sipylosge= birge erhält, durch wilde Bergschluchten eilen wir weiter. Hier im Thale ging früher keine Straße, kein Weg, mühsam über die Höhen ward die Verbindung für Saumthiere erhalten. Man begreift es hier im Anblick dieses Défilés vollkommen, wie ein Volk, wie die Lyder lange Zeit die ganzen inneren Hermosebenen beherrschen konnten, von der See aber, deren Küsten die Ansie= delungen seekundiger Griechen besiedelt hatten, ganz abgeschlossen waren. Von Magnesia war der Weg über das Gebirge in Schluchten, über Sättel hinüber direkt nach Smyrna viel näher und leichter als der dem Flusse bis zu seiner Mündung etwa folgende. Und so ist es vollständig bis zur Erbauung der Eisen= bahn geblieben. Diese hat mit gewaltiger Arbeit Felsen gesprengt, den Fluß gedämmt, geleitet, und so den Engpaß geöffnet.

Eine herrliche Ebene öffnet sich uns nach einer guten halben

Stunde Eisenbahnfahrt im Engpaß. Bei dem Dorfe der Ungläubigen (Giaurkiöi), wo noch heute viele italienische Namen die einst aus Magnesia vertriebenen, hier angesiedelten Genuesen bezeugen, beginnt sie immer weiter sich auszudehnen, und eine reiche, verhältnißmäßig intensive Landescultur thut dem Auge wahrhaft wohl und bildet einen merkwürdigen Gegensatz zu der kühnen, immer höher ansteigenden Bergwand im Süden. Es war eben die Baumwollenernte noch im vollen Gange, der Tabak, der Safran, der Sesam, der Mais bereits schon länger eingeheimst. Der Fleiß der Bevölkerung spricht sich in ihren Wohnhäusern, ihrem Viehstand, ihren Wagen scharf aus. Ein uralter Wallfahrtsort der griechischen Christen vereinigt in Orekiöi bei dem Kirchlein der heiligen Anastasia noch immer am Tage der Heiligen 20—30,000 Menschen. Man wird in ihren Wundern, die sie noch heute verrichtet, wohl die Unterlage einer Ehe- und Muttergöttin noch durchschimmern sehen, vielleicht den Dienst jener einst von Pelops am Hermos zuerst in einem Schnitzbilde zur Verehrung sichtbar hingestellten Aphrodite erkennen. Wir langen in Manissa an, dem berühmten alten Magnesia am Sipolos. Der Anblick dieser hart am Gebirgsfuß sich hinziehenden, auf die untersten Terrassen desselben aufsteigenden, in eine Schlucht sich eindrängenden Stadt mit ihren schlanken Minarets und leuchtenden Kuppeln, ihren stattlichen sonstigen Gebäuden in Bädern und Khans, mit ihren hoch am Gebirge sich hinziehenden antiken Mauerresten, ist schon von dem ziemlich entfernt liegenden Bahnhof ein überraschender und bedeutender, um so mehr, als sich ein Kranz reicher Baumgärten in der Ebene daran anschließt. Der Absturz des Gebirges wird immer großartiger, indem er fast 3000' hoch ohne alle Vorberge direkt in die Ebene erfolgt. Noch eine Viertelstunde weiter auf der Bahn und wir halten an einer Brücke. Wir sind am Ziele, gegenüber dem

Niobebild, so recht im Mittelpunkte des Tantalus=
reiches.

An einem Bache hin, in welchem es von Wasserschildkröten
wimmelt, durch Felder und hohes Schilf, vorüber an einem ein=
zelnen kleinen Landhaus, gehen wir der Bergwand zu. Ein
großer Teich mit klarem, immer sich erneuerndem Wasser, nach
der Ebene zu mit einer neuen steinernen Umfassung umzogen,
mit starkem Abfluß nach Westen und Norden zu bildet die letzte
Gränze derselben. Nur ein schmaler Fahr= oder besser Reitweg
zieht sich noch hart am Fuße des Berges hin. Mehrere Quellen
entspringen hier unmittelbar über dem Teich dem Abhange; auch
weiterhin nach beiden Seiten sind Quellen wahrzunehmen. Eine
Ziegenheerde drängt sich zu diesen Quellen, während ungeschlachte
Büffel sich im tiefen Wasser wälzen, gegen die Sonnenstrahlen
unter die beschattenden Bäume flüchten, zeitweis ganz im Wasser
verschwinden. Ein kleines türkisches Kaffee der ursprünglichsten
Art liegt an dem Teich, wo bereits die Viehhirten und vorüber=
ziehende Händler bei dieser heißen Vormittagszeit in der offenen
Veranda mit Kaffee und Nargileh in stummer, zeitloser Gravität
herumlagern. Wir finden mühsam Platz unter ihnen, jedoch für
das spätere Essen des mitgenommenen Vorrathes findet sich noch
ein alter, verlassener Harem in einer Art Scheune mit mehr als
gefährlicher Stiege, schwankendem Fußboden und Fenstern ohne
jeden Rahmeneinsatz. Das einzige Mobiliar dieses Raumes ist
eben der Fußboden, doch herrscht nach vollbrachter Wanderung
unter der Gesellschaft die heiterste, in Reim und Prosa sich er=
gebende Stimmung.

Ein heißer Stieg steht uns noch bevor auf kaum erkenn=
barem Weg im Geröll, im hohen üppig wuchernden Gebüsch des
wilden Lorbeers, des stechenden Lentiscus, unter verdorrten hohen
Stauden und Grasbüscheln, hinauf zu jener senkrecht fast über uns

sich erhebenden Klippe und der darunter sich einziehenden Felsenecke. Wir haben endlich an einem Felsvorsprunge eine Stelle gefunden, um sicher den Fuß aufzusetzen, selbst an Felsen gelehnt nun vor uns, schräg über uns das merkwürdige Werk urthümlicher Kunst und Cultur zu schauen, das selbst dem homerischen Dichter ein Zeugniß einer längst vergangenen Zeit war, zu schauen die trauernde Niobe, die Tantalostochter in ihrer Nische sitzend über dem Grabe der Kinder. Wohl ein ergreifender Anblick für den Forscher des Alterthums, speciell für den, welcher von hier aus, an dem Faden dieses Urgedankens einer immer neu über die vergängliche Pracht ihrer Geschöpfe trauernden Mutter Erde, einer Eva zugleich des menschlichen Geschlechtes mit ihrer strotzenden Fülle des Glückes, ihrem Bewußtsein der gottähnlichen Natur und der ewigen sich vollziehenden Nemesis die Sagen- und Kunstwelt aller Zeiten durchwandert hat. Unsere Aufgabe ist es hier nicht, dieses merkwürdige Denkmal in seiner Einzelstellung, in allen seinen Details mit einer kritischen Umschau über das bisher von den Reisenden, gerade auch von den neuesten Beschreibern wie von Lennep Aufgestellte zu betrachten. Uns handelt es sich hier um den Gesammteindruck desselben im Zusammenhange der ganzen Stätte, zugleich mit dem Ausblick auf die ganze Landschaft

· Beachten wir wohl, wie die ganze Bergwand künstlich abgearbeitet, senkrecht geglättet ist, wie ein rechteckiger Rahmen ausgeschnitten ist und wie in diesen die 35 Fuß hohe, oben abgerundete Nische sich einsenkt, wie daraus dann im höchsten Relief die Gestalt heraustritt, in ihren unteren Theilen vom Schooße an mehr und mehr in architektonische Formen übergehend. Sie erscheint in etwa vierfacher Lebensgröße mit verhältnißmäßig großem Kopf, wie mit hoch gezogenen Knien sitzend auf einem rohen, zu beiden Seiten noch sichtbaren Felsensitz mit Fußbank über einem hohen Untersatz der als Grabmal der Kinder betrachtet wird. Ihre Arme liegen deutlich in dem Schooße, sich einander nähernd. Das in der nächsten Nähe alle menschlichen Züge verlierende Haupt ist mit schwärzlichen und helleren Streifen infolge des einen großen Theil des Jahres darüber rinnenden Wassers überzogen, selbst aber nicht etwa zur Seite geneigt, wie man geglaubt hat. Auch an dem unteren Rande der Nische, wo man jetzt mühsam an den Fels sich andrängend feststehen kann, ist die künstliche Arbeit unmittelbar sichtbar. Blicken wir aber von dieser Bergwand noch weiter um uns zu höhern oder zu der Felsklippe zur Seite, so erblicken wir überall die Spuren menschlicher Arbeit. Von unsern Füßen abwärts dehnt sich die sichtlich in gewaltigem Abrutsch erfolgte Geröllmasse bis hinein in das Gewässer am Bergfuß. Im Winter soll sie vor dem herabströmenden Wasser fast unbegehbar sein. Und weiter rechts und links von dieser Stätte aus greifen förmliche Bergrutsche in die Ebene ein, zeigt sich zugleich an den Felsen die vielfachste menschliche Arbeit im Abglätten der Bergwände, im Einschneiden von Nischen, in erweiterten Höhlen, in Felsengräbern, in altarähnlichen Felsspitzen, weiter am Fuß in Brunnengemächern. Auch eine bisher noch ungekannte Inschrift wird uns hoch am Felsen gezeigt, doch ohne besondere Hülfsmittel ist sie nicht in der Nähe zu betrachten. Und unten am Fuße des Gebirges sind die vielfachsten Reste runder Tumuli mit Steinreihen bemerkt worden. Auch die neuen Arbeiten zur Einfassung und Ableitung der Gewässer ruhen auf antiken Unterlagen. Wir stehen hier vor einer großen ausgedehnten Wohnstätte von Menschen, die hoch am Berg ihrer religiösen Empfindung, ihrer Verehrung einer im Gebirge thronenden Muttergöttin, sowie der Quellgeister am Gebirge, auch der strömenden Wassermacht des Acheloos, des Urflusses, endlich dem Gotte des Him-

mels, zu dem die Bergspitzen aufsteigen, von dem Regen herab=
strömt, Ausdruck verliehen haben, die ihre Todten zugleich in den
Felskammern, aber auch im weitsichtbaren Erdhügel niederlegten.

Und mit welchem Ausblicke, in welcher Umgebung geschah
dieses! In der That gehört der Blick aus der schattigen Felsen=
ecke auf das Hermosthal zu den herrlichsten in seiner Begränzung,
die wir in Kleinasien gehabt. Ueber einer reich bebauten Ebene
streift derselbe hinüber zu den hochgeschwungenen Linien des
vulkanischen Gebirgszuges Darchalabagh, welcher das Hermosthal
von dem des Kaikos scheidet. Bis 5000 Fuß erheben sich seine
Spitzen und er nähert sich in einer Art Halbkreis uns wieder.
Dort an der Ecke liegt Akhissar, das alte Thyatira, auch als
Gründung des Pelops bezeichnet, mit seinen weißen, scharf sich
abhebenden Marmorbergen. Die Ebene selbst geht nach zwei
Richtungen divergirend auseinander, dort dem Lauf des Phry=
gios und seiner Nebenflüßchen folgend, hier rein östlich, ja eher
etwas südöstlich sich biegend den Hauptstrom des Hermos beglei=
tend. Die Ebene selbst ist durch Pappeln und Ulmengruppen,
durch Schilfmassen neben den Culturfeldern, besonders auch den
Weinfeldern belebt. Zwischen diesen beiden Ebenen erhebt sich
eine andere, eng zusammengedrängte Gruppe von Berggipfeln,
der Karadagh. Nach rechts hin, östlich folgen die Blicke neu=
gierig fragend der Wendung des breiten Hermosthales hinüber zu
den ersten Vorbergen des eigentlichen Lydiens. Wahrlich ein
königlicher Anblick! bei dem uns die Worte des Aschylos einfallen,
der seinen Tantalos sagen läßt:

"zwölf Tagreisen Wegs wird mein Land gepflügt,
"das Land Berekyntbes, drinnen Atrafteia wohnt,
"von Stiergebrüll, von meiner Lämmer Blöken
"hallt das Waldgebirge, hüpfend wimmelt alles Feld."

Und folgen wir nun dem Fuße des Gebirges weiter östlich,
da kommen wir an einer verlassenen Mühle weiter zu einer Stelle,

wo das Gebirge in seine tiefsten Tiefen gespalten erscheint, wo die Felsen in den kühnsten Formen fast senkrecht abstürzen, wo Höhen, Spalten, Trümmer und Geschiebe sich drängen. Hier in schattiger Grotte gegen die Sonnengluth geschützt, in die Felsschluchten blickend werden wir der Thatsächlichkeit jener Berichte über gewaltige, hier einst wirksame Naturereignisse inne. Wohl sind Bergmassen herabgekommen, Felsen losgelöst, Quellen verschüttet und wieder Wasser haben sich da gebildet, wo einst fruchtbare, wasserdurchrauschte Gärten prangten. Wir können mit dem kritischen Strabo sagen: Sipylos die Stadt ist nicht als Fabel zu betrachten. Die wiederholten Versuche, an dieser Stätte neue Mittelpunkte des Landes zu gründen, sind endlich aufgegeben, aber Magnesia ist in nächster Nähe statt dessen erstanden, wenn auch selbst den großen Gefahren gewaltiger Erdbeben ausgesetzt. Und die Worte des Tantalos bei Aeschylos versteht man hier trefflich:

„doch mein Geschick, das droben an den Himmel reicht,
„zur Erde sinkt es nieder und gemahnt mich so: Mensch-
„liches nicht allzu hoch zu achten, lern!"

Nun diese Mahnung führt auch die Reisenden aus Tantalos Reich in ihren Gedanken in die Gegenwart zurück. Unser freundlicher Wirth hat dafür gesorgt, daß auf schmalem Felsrand unter der thränenden Niobe mit schäumendem Moselwein ein freudiges Hoch dem deutschen Kaiser erschallt, der berufen war ein so welterschütterndes Ereigniß, einen solchen Sturz eines Tantalosreiches durchzuführen, selbst wenn irgend einer der darin liegenden Mahnung eingedenk.

Acht Tage später schauen wir noch einmal hinauf zur Niobe und zum Tantalosfels, aber nur im Vorüberfliegen auf der Eisenbahn. Es gilt einen weitern, mehrtägigen Ausflug aufwärts im Hermosthal, es gilt einen Besuch in Sardes, im Reiche des Krösus. Unsere Gesellschaft hat sich inzwischen bedeutend vermehrt und die Interessen und Kenntnisse des trefflichen Architekten und hochgebildeten militärischen Topographen kommen den in Gemeinsamkeit der Ziele und Lebensanschauungen eng verbundenen Archäologen trefflich zu Statten. Auch ein Glied des deutschen Consulates in Smyrna, dem wir soviel freundliche Förderung verdanken, hat sich uns angeschlossen. Ein erfahrener Koch und Dragoman zugleich begleitet uns, die militärische Begleitung von Smyrna aus haben wir abgelehnt. Wir verfolgen aufmerksam den fernen Absturz des Sipylos mit seinen so sichtbaren Höhlen, Grabmälern, Felsflächen und einzelnen Grabhügeln am Fuße. In jähem Abfall bricht die Kette ab und wir treten in eine noch bedeutend breitere Thalfläche. Ein nach Osten sich streckendes Thal, das von Nimfi, führt hinter dem Sipylos her ostwärts die Gewässer dem Hermos zu. Charakteristische Bergmassen in Stufen mit Spitzen begränzen das Thal im Süden, der Nifdagh und Musadagh. Dann ragt südlich und südöstlich über milden, bepflanzten, dann aber immer zackiger werdenden Vorbergen der hochansteigende Rücken des Bosdagh, des Tmolus empor. Die Sonne birgt sich beim Untergang zum ersten Mal seit langer Zeit hinter starken, drohenden Gewölkmassen, die um den Sipylos und nun im Westen sich gelagert, ja einige Regentropfen uns nachgesendet haben. Wir sind in der Schlußstation der Eisenbahn, in Kassaba, in Mitten einer der an Früchten und Genüssen reichsten Gegenden weit und breit. Am Bahnhof lagern die zum Export bestimmten Waaren, vor allen Baumwolle, Feigen, Getreide, Gelbwurzeln, Gemüse, aber auch die ächten Erzeugnisse uralter Weberei und Stickerei im Innern Kleinasiens, während europäische Waaren aller Art für immer von der Bahn auf die Karawanen übergehen, wodurch für Smyrna selbst der unmittelbare Karawanenhandel sehr beschränkt wird. Der Stationschef, ein Dalmatiner von Geburt, voll lebhaftester

Bewunderung für Preußen und Deutschland erfüllt, hat bereits für unsere Aufnahme die aufmerksamste Fürsorge getragen und so genießen wir die Annehmlichkeit europäischer Cultur noch einmal mit vollem Behagen hart an der Gränze ächt türkischen Wesens. Ein Gang durch die sehr ausgedehnte Stadt zeigt uns sofort den gewaltigen Unterschied einer türkischen Landstadt mit Lehmhäusern, ja Hütten, einzelnen bessern Holzhäusern mit schräg gestellten Erkern; das Wasser fließt in den ungeordnet sich windenden Gassen, in denen im Winter das Fortkommen oft ganz unmöglich sein soll. Erst das weiter hin an den ersten Erhebungen des Bodens liegende Griechenviertel bietet mit seiner Fabrik zum ersten Reinigen der Baumwolle, mit seinen Kaffees, ja einem förmlichen Kaffegarten einen wohlthuenden Uebergang zur europäischen Culturstufe. In der Nähe der Stadt den Resten einer antiken Stätte, vielleicht Hierocäsarea, nachzugehen, dazu mangelt uns zu bald das Tageslicht. Die Lage der Stadt noch ganz in der Ebene ist eine äußerst fruchtbare, aber auch sehr ungesunde. Das Fieber geht hier fast nie aus, ja verschont im Hochsommer fast keinen der Bewohner ganz. Unser Wirth, seine ganze Familie haben schwer darunter gelitten. Und so ist das an einer solchen Stätte ein Leben voll Resignation, ein gewisser Trübsinn bemächtigt sich bald eblerer, gebildeter, europäischer Naturen. Unser Wirth, dem ein geliebtes junges Weib, eine Griechin, früh entrissen ist, deren verschleiertes Bild uns die edelsten Züge zeigt, lebt hier ganz vereinsamt, zwei Kinder hat er bereits von sich gethan und zwar deutschen Erziehungsanstalten in Smyrna anvertraut und er blickt auf das jüngste auch schon mit dem Gedanken baldiger Trennung. Die Macht des Fiebers hat leider sich auch an unserm in Smyrna lebenden deutschen Reisegenossen mächtig erwiesen, plötzlich auf der Fahrt davon ergriffen, ist er

genöthigt, andern Tages mit der Bahn nach Smyrna zurück-
zukehren.

Die Pferde stehen am andern Morgen schon seit vier Uhr
bereit mit ihren Führern, auch der Tartarenwagen für das Gepäck
und die im Reiten wenig Geübten oder Uebermüdeten, ein schmaler, langer Wagen mit Leintuch überspannt, ohne jedes Kissen,
als das eigene Gepäck, natürlich fest aufsitzend auf den Achsen,
einem Zigeunerwagen unserer Gegenden ähnlich), nur im Scherz
mit jenem reich geschmückten, langgeschweiften offenen Wagen
vergleichbar, auf dem einst der indische Bakchos seinen Festzug,
von Panthern und Löwen gezogen, von Bacchanten, Satyrn
und Kentauren umrauscht, durch diese lydische Ebene hielt. Es
warten zwei Kawasse, die Polizeisoldaten, ächte Reitergestalten,
wie verwachsen mit ihren Pferden und scharf bis an die Zähne
bewaffnet. Wir sehen sie unterwegs mit hochgeschwungenen Ka-
rabinern im Wettlauf an uns vorüberjagen, plötzlich rechts und
links sich trennen und in weitem Umkreise unsere kleine Karawane
umschwärmen, dann auf einmal den Schluß des Zuges bilden.
Der Zug setzt sich um sechs Uhr in Bewegung, um in sieben Stunden Sardes zu erreichen, dann aber noch 1¼ Stunden darüber hin-
auszugehen. Gleich im Anfange verirren wir uns etwas in den
von hohen Schilfmassen eingeschlossenen Hohlwegen der Ebene,
dann führt der Weg steil aufwärts, um nun fort und fort auf
den ersten Wellenhügeln des Tmolusgebirges auf und nieder sich
zu senken, aber doch im Ganzen nicht unbedeutend zu steigen.
Bald ist der Weg sehr eng, bald breitet er sich ins Ungemessene
aus, wo jeder durch die niedern Gebüsche sich seinen Pfad gesucht
hat, hier führt er in die Wasserrisse der mündenden Gebirgsthäler
tief hinab, vorüber an den traurigen Ueberresten zerstörter römischer und byzantinischer Brücken, dort länger in jetzt trockenem
Kiesbette hin, das im Winter von hohem Wasser bedeckt ist.

Wir ziehen eine der ältesten und noch eine der größesten Verkehrs=
straßen Kleinasiens; es ist der Anfang der großen altpersischen
Königstraße, mit Poststationen, Karawansearis und genauen Para=
sangenzeichen einst besetzt. Lange Kamelzüge begegnen uns von
gravitätisch auf Pferden und Eseln voranreitenden Türken an
einem alle Thiere verbindenden Stricke geführt, mit dem me=
lancholischen Geläute ihrer Glocken. Wir zählten oft an achtzig
Thiere in einer Reihe. Kühne Reiter sprengen vorüber, darunter
wohl auch der nach dem eben uns höflich grüßenden Klephten
forschende Gensdarm. Besonders Tscherkessen, welche weiter oben
im Thal angesiedelt sind, sind als räuberisch gefürchtet. Frauen,
tief verschleiert, mit den hinten aufsitzenden Kindern ziehen zu
Pferd ihres Weges, dann Tartarenwagen in ziemlicher Zahl,
Bauerwagen mit Holzscheiben als Räder kommen seitwärts von
angebauten Flecken Landes. Auch an Zigeunern, die Frauen
selbst stark bewaffnet, fehlt es nicht. Die Zahl der Fußgänger
ist eine geringe.

Nur an zwei Ortschaften, Ahmetkiöi und Urghanlú, kommen
wir vorbei, nicht durch dieselben. Ein oder eine ganze Gruppe
von Kaffee mit offenen Hallen für das Einstellen der Pferde,
auch im bestem Falle mit einem Hofe und einigen Räumen zum
Uebernachten liegen direkt am Wege. In der That ist es ein
erfreulicher, reizvoller Anblick, solch ein Haltpunkt. Dabei ein
fließender Bach, schöne alte Platanen, hochragende mächtige Cy=
pressen, eine offene, weite Veranda mit Kaffeeheerd, rings umlau=
fender Estrade, in der Mitte wohl ein zierlicher, kleiner Spring=
brunnen. Ja, es giebt wohl auch einen Kramladen dabei mit
Tabak und Papier dazu, Stricken und ähnlichen Gegenständen
für Reiter und Kutscher, dann auch meist Wassermelonen und
selbst, doch selten, andere Früchte. Und selbst eine Art Zeitung

sehn wir angeschlagen in türkischer und griechischer Sprache aus Alaschehr, dem alten Philadelphia im oberen Lydien.

Die Gegend behält im Ganzen einen ähnlichen Charakter, den eines mehrere Stunden breiten, großartigen Flußgebietes mit hohem Gebirge im Westen und im Süden, mit niederen Berghöhen im Norden. Noch sehr lange steht im westlichen Hintergrund wie ein gewaltiger Markstein der Sipylos frei aus der Ebene emporsteigend da; vor Sardes ist er gänzlich geschwunden. Die an ihm hängenden Wolkenmassen haben uns zuerst am Morgen einigen Spritzregen nachgesandt, weiterhin ist kein Tropfen auch vordem seit Monaten gefallen. Die Luft verliert allmälig ganz den Charakter der erfrischenden Seenähe. Die Hitze sollen wir noch recht genießen am zwanzigsten und den folgenden Septembertagen. Die Vegetation, das Landschaftliche, endlich die Zeichen alter Culturepochen nehmen unser volles Interesse in Anspruch. Wie locken uns überall die herrlichen rothen Blüthen hochragender Oleandergebüsche, wie schön gruppiren sich Platanen, Cypressen und Pappeln zusammen! Das Land ist zum weitaus größten Theile unbebaut, mit scharfblätterigem Gebüsch: Lentiscus mit Agnus castus, mit Lorbeerrosen und Gestrüpp überwachsen, in der Tiefe mit Schilf auch überdeckt. Und doch ist das die wegen ihrer Fruchtbarkeit hochgepriesene Hermosebene, „das liebreizende Mäonien", „das großschollige Land" Homers.

Immer bedeutsamer stellt sich uns das Gebirge dar, an dem wir hinreisen. Zwei, ja drei Reihen Vorberge ziehen sich vor dem eigentlichen Hauptkamm hin, der fort und fort nach Osten an Höhe zunimmt. Tief einschneidende Thäler unterbrechen diese parallelen Ketten, zwischen denen sie sich schräg empor ziehen. Die hohen Theile des Gebirges sind meist niedrig bewaldet, dagegen steigen die vorderen Reihen in nackter, abenteuerlicher Form auf von Zacken, Kegeln, scheinbaren Ruinen mit braunrothen, gelben, bläulichen Abhängen. Es sind Gebilde der allerjüngsten Art, kolossale Ablagerungen der Quaternärbildung mit einer Fülle eingesprengter Massen von Quarz, Thonschiefer, Gneiß, dabei in der Tiefe niedergeschlagen das vortrefflichste Material für Ziegelei und alle Art Thonbildnerei. Nach dem Zeugnisse von Tchihatcheff, dem größten geologischen Kenner Kleinasiens, giebt es keine andere Gegend der Halbinsel, wo diese Verhältnisse so mächtig sich zeigen. Es ist der Niederschlag am Rande eines einst nach der Küste zu ganz geschlossenen kolossalen Seebeckens, dessen letzter Rest im Mermerehgöl oder gygäischen See sich findet.

Was sind aber jene merkwürdigen Kegel auf dem nördlich von der Hermosebene sich hinziehenden, an das kleine Karabaghgebirge sich anschließenden niederen Plateau? Bintepe, tausend Hügel nennen sie die Türken, es ist die große Gräberwelt bei Sardes mit den drei großen Haupthügeln und dem gewaltigsten von allen, dem östlichsten, dem Alyatteshügel. Schon Hipponax gegen Anfang des siebenten Jahrhunderts mahnt den Reisenden, der nach Smyrna zieht, von Sardes aus „durch Lydien eil', vorüber am Attalesgrabmal (Alyattes?), an Gyges Denkstein, dort an dem Pfeiler des Megastrys, an des Königs Atys und Myrsilos Mälern hin, zur sinkenden Sonne den Leib dir wendend." Auch in unserer nächsten Nähe zählen wir eine ganze Reihe wohlerhaltener, meist gruppenweis (2, 3, 1, 1, 3, 3, 5.) zusammen gelegener, kreisrunder Grabhügel, von Europäern noch nie untersucht.

Endlich biegt sich das Gebirge in einem stumpfen Winkel. Vor uns ragt ein wunderbar gezackter Berg mit wie in der Luft schwebenden Mauerresten, durch ein tiefes Thal von einem ähnlich gebildeten geschieden. Bedeutende Mauerreste begleiten links dessen Weg. Künstliche Erderhöhungen ziehen sich über die Straße. Es geht steil hinab zu einem Kiesbette mit etwas Wasser, am

Ufer stehen noch die Pfeiler zweier antiker Brücken. Dieses Wasser ist der berühmte Paktolos, der goldströmende Fluß (Chrysorroas) ein Wunder von Lydien. Nur hinauf auf die hohe Uferterrasse die Pferde getrieben! Gewaltige Ziegelmassen erheben sich uns zur Seite, und dann künstliche Hügel zur Linken, rechts steigen die eigenthümlichen Terrassen empor zur berühmten Akropole von Sardes. Endlich sind wir an menschlichen, heutigen Wohnungen, an ein paar armseligen Häusern, die Sart heißen, gelegen an einem stark strömenden Bach unter Gruppen schattiger Bäume. Nach heißer lydischer Sonne ein erquickender Anblick! Doch noch harrt unser schwere Enttäuschung. Zum Unterkommen, zum einfachsten Uebernachten ist weder im Kaffee noch beim gegenüberwohnenden Bakal, dem Händler, irgend ein Raum, es sei denn auf der schwarzen, schmutzigen Erde des höhlenartigen Raumes im Kaffee. Nirgends sonst, auch in der kleinen Mühle ein verfügbarer Platz. Man tröstet uns, eine Stunde weiter liege ein Tschiflik, ein Landhaus der Smyrnäer Familie Baldaggi, des größten Eigenthümers Grunde der Gegend. So gilt es, wenn auch sehr ermüdet, weiter zu ziehen, um ein Standquartier für einige Tage zu gewinnen.

Der Weg dahin, der sich zu einer und einer halben Stunde und mehr ausdehnt, verläßt nach einiger Zeit die sogenannte große Straße und leitet immer tiefer abwärts in die zum Flusse langsam sich senkende, von hohem jetzt ganz braun verbrannten Graswuchs bedeckte, von weiten Kiesbetten durchzogene, von tiefen Sumpfflächen unterbrochene Ebene, wahrlich ein Aeußerstes von Ueberraschungen und Anstrengungen für Reiter und Wagen. Wir sind ihn sechsmal gezogen am frühen Morgen, im Abendglanz, unter herrlichem Nachthimmel, das erste Mal in heißer Nachmittagstunde, mit unermüdetem Wissensdrange, bei guter, aber hart geprüfter Laune. Braune Zelte von Kamelhaaren werden erreicht, verwilderte Hunde fallen uns an, Kinder, dann ganze Familien ächter Türkomanen oder sogenannte Jurüken schauen uns neugierig an, ihre Büffelheerden dort im Schilf und Sumpf stieren wild und unmuthig dem Reiterzug entgegen. Schon blinkt ein europäisches Ziegeldach, ein weißes Haus sogar mit einem oberen Stock, ein ganzes Gehöft kommt zu Tage aber recht tief gelegen, und unmittelbar vor demselben gilt es noch die tiefsten Wasserlöcher und Erdhaufen zu überwinden. Wir sind im Tschiflik des Herrn Balbaggi.

Der bleiche, schweigsame aber noch jugendliche Herr, der Verwalter des Gutes, der ganz geläufig französisch spricht, in Paris und Wien gelebt hat, weist uns einen Parterreraum, das Verwalterzimmer als Wohnstätte an. Vergeblich sehen wir uns nach andern Räumen um. Der ganze Oberstock ist unausgebaut, es fehlen die Fensterrahmen, die Wände sind unbeworfen, die Treppe ist kaum gangbar. Ueberall die merkwürdigste Mischung von europäischer Cultur und asiatischer Indolenz, ja gänzlicher Erschlaffung. Im Hofe stehen die schönsten englischen Ackerpflüge und stundenweit, nach dem entfernten Salichly muß geschickt werden, um nur etwas Brod, resinirten Wein, Mastixschnaps, den nützlichen Raki und etwas Trauben zu erhalten! Auch ein Garten wird uns gezeigt, mit Granatbäumen, sogar Birnbäumen und Gemüsefeldern, aber alles ist von Schweinen umgewühlt. Eine Quelle lockt zu herrlicher Labe, aber sie ist doch nur ein durchfiltrirtes Sumpfwasser.

Der Blick auf die südliche, grandiose Gebirgskette im Abendrosenschimmer ist wunderbar schön, charakteristisch nach Norden durch Baumgruppen, über die Fläche der Blick auf den scharf geschnittenen Kegel des Alyattesgrabes. Und welcher Zauber liegt erst im Mondenschein auf dieser halbwilden Landschaft bei dem unermüdlichen Getön der Cikaden, aber man mahnt uns ernstlich, rasch in das Zimmer zu gehen, der Dämon des Fiebers geht zu solcher Jahreszeit noch um auf den in leichten dünnen Dunst gehüllten Grasflächen. Die Empfindung für solche Fieberluft überschleicht uns alle, trotz des sorgsam allabendlich vertheilten Chinins. Wie ganz anders athmet es sich dort in Sart unter den schattenden Schwarzpappeln und Ulmen vor dem kleinen schmutzigen Kaffee, wenn wir auf die Erde gelagert unser einfaches Mittagbrod aus kalten gebratenen Hühnern, Eiern, Wassermelonen bestehend nehmen, den Blick über die unter uns liegende Ebene gerichtet, angefächelt von erfrischendem Osthauche!

Ja, Sardes war das Ziel unserer Wanderungen, der Gegenstand unserer Arbeiten. Nach Sardes, in den Mittelpunkt vom Reiche des Croesus, habe ich versprochen meine Leser zu führen, doch will ich sie nicht veranlassen, die verschiedenen, von Einem Ausgangspunkte anhebenden Wanderungen durch das weite Gebiet, das diese Ruinen umfassen, nacheinander mit durchzuleben, vielleicht würde doch nur das Gefühl eines bloßen Stückwerkes ohne den Reiz des eigenen Erlebnisses erweckt werden, das uns, als wir von Sardes schieden, so lebhaft überfiel, das Gefühl, daß die Ruinenwelt auch hier wie anderwärts auf griechisch-kleinasiatischem Boden so außerordentlich viel umfassender und großartiger sei, als wir erwartet hatten, daß vieles von uns gar nicht, anderes nur ungenügend gesehen sei, daß zu einer wissenschaftlichen Aufnahme bisher auch nicht die ersten Lineamente gezogen seien und daß das von uns darin Gethane nur eben einen Anfang bezeichne. Versuchen wir uns die Gesammtlage klar zu machen, immer die Quellenstellen vor Augen, die so wenig noch für Kleinasien gerade an die Anschauung selbst herangebracht sind, versuchen wir den kunstgeschichtlichen Charakter der Ruinen zu bestimmen und endlich oben von der Akropolis ein gutes Stück des lydischen Reiches überschauend zugleich an uns die Bilder

der Vergangenheit rasch vorüberzuführen, die endlich den Blick in die Gegenwart schärfen und unwillkürlich auf eine mögliche Zukunft hinweisen.

Die Ruinen von Sardes lagern sich am Südrand des weiten Hermosthales in mehr als einem Halbkreise um den kühnaufsteigenden, etwa tausend Fuß über die Fläche sich erhebenden Berggrat, der von Südost nach Nordwest streichend hier in eine fast nadelartige überhängende Spitze endet, während ein schmaler Sattel an diese dann ein schräges, unregelmäßig begränztes Plateau anhängt, welches im Südost wieder zum kühnsten, gebogenen Vorsprung wird. Der Berggrat trägt in seinen oberen Theilen so ganz die bizarren Formen senkrechter, fast überhängender, dann wieder vom Wasser tief aus- und abgespülter, endlich durch Erdbeben zerrissener Conglomerate, die zu einer in mannigfachen Formen schillernder Erdmasse geworden sind. Es war dies die hochragende Akropolis von Sardes, das Hohen-Sardes. In Südsüdwest hängt dieser Berggrat durch einen Sattel mit den dahinter liegenden Vorgebirgen des Tmolus zusammen. Südwestlich zieht sich in weiter Biegung von der höchsten Gebirgswand das im Sommer und Herbst ganz trockene, waldige Thal des Pactolus an diesen Vorsprung heran und begleitet ihn auf der Westseite mit seinem tief eingerissenen Kiesbette, aber auch seinen schönen Platanengruppen in rein nördlicher Richtung. Dort im Hintergrunde des Thales nahe der Biegung liegen die großartigen einsamen Trümmer eines ionischen Tempels, der gewöhnlich als Kybeletempel bezeichnet wird. Nach Herodot's Zeugniß lag der Marktplatz von Sardes vor den Perserkriegen zu beiden Seiten des Pactolus, welcher also wohl überwölbt oder doch mit wohlgefügter Steineinfassung und Brücken denselben durchfloß. Es geht daraus hervor, daß auch westlich von diesem Bett noch ein guter Theil der älteren Stadt sich hinzog. Und in der That erstrecken sich auch weiter nordwestlich beim Eintritt des Pactolus in die Ebene unförmliche Ruinenmassen und quer die Straße durchschneidende Wallreste, wie wir vor der Ankunft in Sardes bemerkten. Wie weit nun solche an der dahinter noch höher als die Akropole aufsteigenden ebenso wunderlich geformten aber lange hinziehenden Bergreihe nachzuweisen sind, ist auch von uns nicht näher untersucht worden.

Auf der Ostseite ist es ein zweites Gewässer, das die Gränzen der Ruinenwelt wesentlich markirt, aber auch ähnlich wie im Westen bei seinem weitern Laufe noch Ruinengruppen jenseit zeigt. Aus einer Felsschlucht des Gebirges im Süden bricht auf einmal ein starker Quell unter Baumgruppen hervor und umfließt die Südostecke der Akropole. Weithin in der Ebene bezeugen die weiten Kiesflächen seine Gewalt in der Regenzeit. Jetzt nach fünfmonatlicher Trockenheit bildet er immer noch einen starken Mühlbach, der in antiker künstlicher Leitung am höheren Rand der weiten Fläche geleitet ist, eine Mühle, die an ein antikes Mauerwerk gebaut ist, beschattet von einer herrlichen Platane treibt, dann mehr nach Nordost sich wendet, endlich in Caskaden über die mit üppigstem Feigengebüsch überkleideten Mauern eines großen, in seinem Obertheil verschwundenen Baus stürzt und weiter in der völligen Ebene durch Felder zunächst der Vereinigung mit dem fast wasserärmeren Paktolus zustrebt. Wir müssen hierin die von Plinius (Naturgesch. V. 30 §. 110.) neben dem Pactolus ausdrücklich bei Sardes erwähnte Quelle Tarnis erkennen, ein Name, der uns bereits im Homer in Tarne als Bezeichnung einer Ortschaft der Gegend von Sardes auch begegnete.

Die ganze breite Nordfront des Burgberges fällt in breiten Terrassen in die Ebene herab, dieselben zeigen sich als künstlich geebnet und von Stützmauern getragen. Die breite Straße, die wir gezogen, befindet sich auf der untersten dieser Terrassen, welche durch künstliche Hügel, wohl antike Bauten bergend, von der eigentlichen Ebene getrennt ist. Man muß, was selten von Reisenden geschehen sein mag, hier unten am Berg hin, durch Gestrüpp und Gebüsch diese untere Linie an der Ebene weithin verfolgt haben, um die trefflichen abschließenden Quadermauern mit Vorsprüngen und Aufgängen, in ihrem großartigen Ganzen zu erfassen und die auf ihnen und unmittelbar hinter ihnen sich erhebenden gewaltigen rechteckigen Gebäude und einzelnen Mauerwände und Gewölbeansätze tragenden Pfeiler recht zu würdigen.

Urthümliches Mauerwerk ist an jenen Unterlagen von mir wenigstens nicht bemerkt, aber treffliche Bauweise der Zeit nach Alexander dem Großen, während die darüber stehenden Bbaureste in ihrer, der Incrustation mit Marmor oder Stuck entkleideten Construction wechselnder Schichten von Ziegeln und Bruchsteinen mit Marmorquadern an den Ecken, ihre Bogeneingänge, die Nischen, die Gewölbansätze auf noch spätere, auf römische Zeit hinweisen.

Von dem künstlichen Hügel östlich des Bakal und Kaffees, am Nordrande der Ruinenwelt können wir am übersichtlichsten die Hauptanlagen der Nord- und Ostabhänge und Umgebungen der Akropolis überschauen (s. beigegebene Skizze). Riesige Pfeiler von gewaltigen Blöcken und mannigfaltigem älteren Material mit Gewölbmassen erheben sich im Vordergrund auf der Wiese diesseit des Mühlbaches, immer noch in tüchtiger, kunstverständiger Arbeit. An diesem Bau, den ich einem Hauptsaal hellenistischer Gymnasien oder römischer Thermen am meisten vergleiche, schließt sich ein großer, länglicht rechteckiger Raum mit Mauerresten umgeben an, auch durch Baumreihen gekennzeichnet, in dem eine Stätte gymnastischer oder militärischer Uebungen schwer zu verkennen sein wird. Wir haben in diese Gegend vor die Stadt den Hippodrom zu verlegen. Jenseit des Mühlbaches sind auf den ersten Terrassen ebenfalls schwere, aber in bunter Mischung aus spätern Architekturtheilen zusammengesetzte Pfeiler sichtbar, noch weiter im Bereiche elender Hütten und Zelte von Turkomanen eine lange aus Feldsteinen und altem Material errichtete Mauer. Man bezeichnet beide mit Recht als Reste alter christlicher Kirchen. Steigen wir höher, so erfreut uns wahrhaft ein schöngeschnittener griechischer aus Quadern bestehender Gewölbebau, ein Thoreingang. Unmittelbar darüber beginnt als sehr markirte breite Terrasse das noch wohl kenntliche Stadium mit halbrundem Endabschluß und dem zum Theil noch erhaltenen Gewölbegang als Unterlage der Sitzreihen auf der Außenseite. Zwei gewaltige Mauermassen ragen wie trotzig darüber mit anschließenden Futtermauern. Wir treten zwischen sie hinein in das halbrund in den Berg eingesenkte, fast 400 Fuß im Durchmesser haltende Theater, dessen Steinbekleidung fast ganz geschwunden ist, von dessen oberem Umgang man bereits unmittelbar unter dem Absturz der Akropole einen großartig, schön abgeschlossenen Blick in die Ferne, gerade hinüber zu der Todtenstadt jenseit des Hermos hat. Unmittelbar weiter nach Süden steigt ein scharfer, gezackter, mit wie freihängenden Mauerresten besetzter Berggrat hinab, hier allen weitern Bauanlagen eine Gränze setzend, wohl der von Polybios erwähnte Prion, oder die Säge, an dessen Seite das Barathron für jedweden todten Cadaver sich befand. An dieser Seite drangen einst die Belagerer des Feldherrn Achaios in die Stadt und zwar zunächst in den Mauerkranz des Theaters. Ein kleiner Odeumsraum lehnt sich hart an diese Grenzlinie.

Es ist unmöglich, von dieser Seite die Burghöhe zu ersteigen. Wenden wir uns daher wieder um und umwandern in weitem Umkreis auf einer etwas niederen Terrasse die ganze Nordseite, passiren die spätern hier zum Pastelos hinabführenden Mauerreste, die die byzantinische zusammengeschmolzene Stadt nach dieser Seite abschließen mochten, gelangen so tiefer in das Paktolosthal zur ionischen Tempelruine. Von da gilt es an einigen Hütten vorüber, durch ein dicht überwachsenes, hart an der Südostseite des Burgberges sich hinaufziehendes Thal emporzusteigen, dann den nach Südwest führenden Sattel zu erreichen und zuletzt in starker Anstrengung die Burghöhe emporzuklimmen. Eine genauere Betrachtung jener zwei jetzt allein noch aufrecht stehenden Säulen, sowie der noch an ihrer Stelle befindlichen Ueberreste von vier gleich großen und einer in einer innern Reihe stehenden, von etwas minderem Maße, und der gewaltigen in wilder Verwirrung zum Theil befindlichen Architekturtheile von Säulentrommeln, Architrav, vm Kranzgesims, von einer Thürbekleidung läßt uns den jüngeren, aber durchaus feingeschmückten Charakter das Ionismus an einem achtsäuligen Peripteros wohl erkennen, wie er in Priene, Milet, in dem verhältnißmäßig nahen Aizanoi sich zeigt. Wichtig ist die Abstufung der Zwischenräume zwischen den Säulen an der Frontseite, wichtig die oben angefangene, aber nie fortgesetzte Cannellirung, wichtig der feine Schmuck der Polster der ionischen Volute. Den Tempel als Kybeletempel zu bezeichnen und ihn als Erneuerung des alten nationallydischen von den Griechen im J. 499 verbrannten Kybebeheiligthums aufzufassen, dazu liegt kein hinreichender Grund vor. Wohl aber wissen wir von der Erbauung eines durch Alexander den Gr. angeordneten Tempels des olympischen Zeus, an der Stelle, wo der alte lydische Königspalast war. Und daß die Olympieen gerade nicht auf der Akropolis sondern in den tiefern Theilen der Städte, nahe den Flüssen angelegt zu werden pflegten, ergeben die uns bekannten in Athen, Olympia, Syrakus zur Genüge. Auch der königliche Palast unterhalb der Akropolis ist von dieser hier wie anderswo in den asiatischen Städteanlagen genau zu scheiden.

Wie dem nun auch sei, ein Verweilen hier in Mitte dieser

herrlichen Ruinen, umgeben von den wundersamsten Berggebilden, zur Seite des von Bäumen reich begrünten Paktolosbettes, gehört zu dem Genußreichsten auf der Stätte von Sardes und bildet einen entschiedenen Contrast zu den Eindrücken der Außenseite des Burgberges.

Die letzte Höhe der Akropole ist endlich erreicht in heißer Mittagsstunde. Eine Lücke in der angeblich uralten Mauer giebt uns den Zugang nach der Oberfläche des Berges. Wir entdecken dabei, wie diese Mauer aus den verschiedensten Baustücken griechischer und römischer Zeit erbaut ist und ganz junge griechische Inschriften an sich trägt. Wunderbares Spiel des Zufalles, wenn gleich der erste Blick auf ein griechisches Epigramm fällt, das einen ehrenwerthen Vocontier, einen Provençalen preist! Ein blendender Lichtglanz, die volle Mittagshitze, nur durch leisen Luftzug gemildert, empfängt uns auf dieser braunen lang gezogenen Grasfläche. Wir schreiten immer ansteigend weiter vor nach Nordwest, über den schmalen Fels zur Seite schwindelnder Tiefe und stehen endlich an der äußersten, von niederem Gebüsch bewachsenen Kuppe des Burgberges. Neben uns öffnet sich eine große künstlich in das Conglomerat gearbeitete Grotte mit einem Fenster am Abgrund und einem großen Seitengemach, mit einiger Phantasie wohl als Schatzkammer des Croesus auszustaffiren, jedenfalls ein letzter Zufluchtsort in großer Bedrängniß.

Ja, wir sind auf der Akropole von Sardes, im Mittelpunkte des Croesusreiches. Ueberlassen wir es diesmal unserm unermüdlichen militärischen Freund und den jungen Begleitern mit Meßtisch, Bussole und improvisirten Signalstock die ersten festen Punkte einer topographischen Aufnahme von Sardes zu gewinnen, lassen wir in spärlichem Schatten alten Gemäuers und Buschwerkes ruhend den Blick hinausschweifen in alle Himmelsgegenden und das großartige Landschaftsbild recht

feſt uns einprägen! Unwillkürlich ziehen an uns die geſchicht-
lichen Bilder der welthiſtoriſchen Stätte vorüber.

Nach Süden ſteht wie greifbar in der klaren durchſichtigen
Luft der Tmolus vor uns mit ſeiner ſchroffen Nordwand, uns
in weitgeſpanntem, beſonders nach Oſten ſich vorſtreckenden Bogen
umfaſſend, kurze Thäler ziehen ſich hinan zum ernſten Wald ſei=
nes Rückens, das Pactolusthal können wir ſcharf verfolgen mit
ſeinem alten, von Kamelen eben durchzogenen Saumpfad, einſt
einer bedeutenden Heerſtraße in das Kayſterthal. Oben auf dem
Plateau giebt es noch vereinzelten Bergbau auf Arſenik, Blei
und Eiſen; dabei eine Sommerwirthſchaft Heerden treibender
Turkomanen, die im Winter in die Ebene ganz hinabſteigen. An
den Abhängen dagegen wohnt zum Theil ſpärliche Griechenbevöl-
kerung. Ob die Bäche des Gebirges, ſpeciell der Paktolos, noch
heute in ihren Kiesmaſſen Goldkörner herabführen, iſt ausreichend
nie unterſucht. Kehren wir der großartigen, nahen Gebirgswelt
den Rücken, ſo breitet ſich landkartenartig die lydiſche Ebene vor
uns aus. Wie unter uns liegt das niedere Plateau jenſeit des
Hermos, beſäet mit Grabhügeln, mit dem Fernrohr erkennen wir
gut jede Bodenfalte am Rieſengrab des Alyattes und die tiefe in das-
ſelbe von der Südſeite führende Schacht iſt mit bloßem Auge
deutlich. Dieſe Gräberwelt liegt aber im weiten Bogen um den
bis dahin unſern Blicken ganz entzogenen Gygeiſchen See, den
Mermere Göl. Man braucht 7 — 8 Stunden, um bequem
dieſes merkwürdige Waſſerbecken zu umreiten, das an der Nord=
oſtſeite hart am Berge ſich heranzieht, dagegen in ſumpfiger
Niederung ſüdöſtlich dem Hermosthal ſich nähert, im Winter
die großen Waſſermaſſen in ſich ablenkend, im Sommer ſchilf-
überwachſen mit flachem, bratigem Waſſer. Dort iſt auch die
Stätte des vor einigen Jahren aufgedeckten Heiligthums der
Gygäiſchen Artemis genau zu erkennen. Weit hinaus über Grä-

der und Seen schweift der Blick bis zu den fernen Bergmassen von 6—7000 F. Höhe, dem Temnos, ja zum fernen Dindymon dem Quellgebiet des Hermos. Und welche Fläche umgiebt es, welch treffliches, lohnendes Arbeitsfeld für ein fleißiges Volk unter einer wirklichen Regierung und heutzutage welche Verödung, zwischen armseligen Dörfern und sumpfigen Weidedistrikten nur hier und da ein bebautes Land! Und blicken wir auf die kühnen Mauerreste unserer nächsten Nähe, hinab zu diesen Terrassen mit Tempel, Theater, Rennbahn, Gymnasium, Kirche, mit den unverwüstlichen Resten alter Regelung und Nutzung des Wassers, alter Brücken und Straßenbauten und daneben die vereinzelten Lehmhütten und Zelte der heutigen Bewohner, denken wir an den Eindruck modernster Culturanlagen, die wir in unserem Nachtquartier erhalten!

Wahrlich ein ergreifendes Bild einer untergegangenen geschichtlichen Welt, einer aussichtslosen Gegenwart! Wie verschieden von dem Eindrucke auf der Akropole von der tantalischen Altsmyrna und vom Niobebilde! Dort wird uns eine Urzeit vorgeführt, in großen unverwüstlichen Zügen versteinert, wesentlich durch Naturereignisse abgeschlossen und daneben das Bild einer immerhin neu erblühenden Landesbearbeitung, eine interessante, bunte Mischung von modernster Cultur und Barbarei; so steht Smyrna das heutige zu jenem Altsmyrna, so Magnesia zur Stätte von Sipylos. Hier steigt nur in jenem Gräberfelde eine urthümliche, in vorhistorische Zeiten zurückgehende Welt vor uns auf, hier befinden wir uns auf ganz historischem Boden, wesentlich seit dem Anfange des 8. Jahrhunderts, nur daß hie und da die religiöse einheimische Legende und die geschäftige griechische Phantasie ihr schimmerndes Gewand darüber hingeworfen hat. Es geht an uns in den Monumenten die ganze Geschichte des Alterthums bis zur Spätzeit vorüber, ja selbst die christliche

Welt hat ihren Antheil noch daran. Wir lernen so recht die überwältigende Macht des Griechenthums an einem trefflich gewählten Hauptsitz asiatischer Machtbildung kennen, diese völlige Wechselwirkung zunächst beider Elemente, die aber dann seit Alexander dem Gr. zum entschiedensten Siege der europäischen Cultur führte. Ein unerschöpflicher Lebenstrieb hat dieser Gegend, hat den hier neben und durch einander oft künstlich verpflanzten Volksmassen inne gewohnt. Ein völlig lähmender, ertödtender Hauch geht erst über die Gegend hin seit Tamerlans Zügen, seit dem die türkischen Horden kurz nach 1400 von den Hochebenen Phrygiens über dieses weite Flußgebiet sich ergießen, Tod und Verderben vor sich hertragend und in allen, anscheinend wohlgemeinten Versuchen dieses türkische Wesen umzugestalten, die Cultur des Landes zu fördern, liegt bis jetzt in diesen Stätten noch kein kräftiger Lebenskeim. Diese einst so gesegneten Nebengelände des Tmolus, diese dicht bevölkerten, von prächtigen Städten erfüllten, von Straßen durchzogenen reichbebauten Ebenen sprechen heutzutage laut und vernehmlich das verurtheilende Wort über die türkische Herrschaft aus.

Ein indogermanischer, zu den Phrygern als dem kleinasiatischen Centralvolk gehöriger Stamm, die Mäoner, wohnt in diesen Gegenden seit uralter Zeit, einst den Tantaliden vom Sipylos untergeben, dann zeitweise abhängig von dem entfernteren Troja, ein Volk von fleißigen Ackerbauern, wie überhaupt die Phryger, mit der Cultur der Bäume, besonders des Weinstockes bereits vertraut. Ein sinniger, zu tieferer enthusiastischer Erregung in Freude und Schmerz gestimmter Glaube an die Mutter Erde, an die Göttin des Waldes, an die Quellgeister der Berge, an die im rauschenden Schilfe des Sees sich kundgebenden Mächte des Sees spricht sich bei ihnen aus. Demeter und Bacchus sind hoch geehrt am Rande des Tmolus und die Frauen und Jungfrauentänze zu Ehren des Weingottes waren auch noch später dort hoch bewundert. Die Musik, besonders die der Flöte begleitet den rauschenden Chor, die aber auch der Kriegslust dient und im schrillen Ton einer besonderen Art Pfeife die Todtenklage schärft. Eine mächtige, feste Königsburg, eine große Stadt gab es noch nicht, wohl aber kleinere Gaumittelpunkte, wie Hyde am See, wie Tarne an der Quelle des Gebirges.

Dieses ursprüngliche Volksthum ist aber in entschiedenster Weise umgeändert worden durch das Hinzutreten eines andern, mit dem semitischen Asien, zunächst über Nordlycien und Cilicien zusammenhängenden Bestandttheiles, der Lyder. Wir haben an die entschiedene Einwanderung kriegerischer und zugleich mit der Cultur Assyriens und Babylons vertrauter, herrschender Familien zu denken, die das Land sich unterwerfen und ein starkes Königthum, gestützt auf starke Reiterei, auf Kriegskunst, auf glänzende priesterliche Institutionen und kaufmännischen Verkehr, gründen. Fünfhundert Jahre herrschten Könige über das nun nach den Herrschern genannte Lydien, die in dem assyrischen Herakles, dem Gott der das Jahr beherrschenden Sonne, und in Bel, dem Himmelsgott, ihre Urahnen verehren, die neben Herakles der mannweiblichen Derketo, der Omphale dienen, die alljährlich ihr großes Feuerfest des sterbenden und wieder lebendigen Jahresgottes feiern. Die hohe Bergspitze von Sardes wird nun zur festen, großen Burgstadt gemacht, mit Mauern mehrfach umgeben, der Berg terrassirt, wie wir dies an orientalischen Königsburgen der Höhen z. B. in Ekbatana finden. Der Löwe, einst um den Rand der Mauern getragen, wird das Wappen gleichsam der Stadt des Sonnengottes. Unter dem Schutze der Befestigungen siedeln sich nun große Menschenmassen mannigfachster Gewerbe an. Neben der Stadt wird ausdrücklich von der großen Vorstadt gesprochen, die nach vorn, nach der Ebene zu sich ansetzt. Die Natur des Bodens bot in dem trefflichen Lehm, wie im Reichthum an Schilf das Material für raschen, leichten Bau. Der lydische Backsteinbau erinnert aber auch an die Uebung der Euphratlande.

Alle Künste der Syrer und Phönicier blühen bei ihnen: Teppichwirkerei, Färberei, die schon Homer rühmt, Fabrikation von Salben und Wohlgerüchen aller Art. Der Goldsand der Bäche und Flüßchen wird ausgebeutet, der Bergbau am Tmolus ausgebildet, der Goldreichthum bringt kunstreiche Verarbeitung zu Gefäßen und Schmucksachen mit sich. Eine große Karawanenstraße geht von Sardes nach dem innern Asien und der Handel, das ausgebildetste Krämerwesen wird in Lydien zu Hause. Hand in Hand geht Gewicht und Maßsystem, geht die älteste Geld- und zwar Goldprägung. Die Laster des Orients, wunderbar verquickt mit dem Cultus, werden auch hier zu Hause, wie geregelte Unzucht und Verstümmelung von Männern und selbst Frauen. Mannigfache Spiele, heißt es, sind dort in Sardes erfunden. An die See selbst gelangte diese lydische Dynastie nicht, aber die im Innern vor sich gegangene gewaltsame Veränderung hat sichtlich Theile der älteren Bevölkerung auf die See getrieben unter dem Schutze der an den Küsten mächtigen Karer, die überall aber den griechischen unternehmenden Colonisten nach langen Kämpfen weichen müssen.

Um 720 v. Chr. findet ein Dynastiewechsel der eingreifendsten Art Statt, mit Gyges und den Mermnaden gelangt das altnationale Volkselement wieder zur Herrschaft. Die glänzendste Zeit des lydischen Reiches beginnt, in welcher diese nun fest begründete, technische und kaufmännische Cultur Asiens sich mit einem entschiedenen Aufschwung des kriegerischen Geistes und besonders einer trefflichen Reiterei und mit der Oeffnung für jeden europäischen, zunächst griechischen Einfluß vereint. Freilich ging über Lydien zum zweiten Male der Sturm nomadischer Völker vom schwarzen Meere her, der Kimmerier und Treter hin; das zweite Mal, im 7. Jahrhundert, wird aber die Akropolis von Sardes nicht erobert, war es wohl auch früher nicht. Im langen, hartnäckigen Kampfe erobern die lydischen Könige die blühenden griechischen Pflanzstädte, zuerst das nachbarliche Smyrna, oder ziehen es durch kluge Bündnisse in ihren Machtbereich. Aber griechisches Wesen wird nichts weniger als unterdrückt dadurch. Im Gegentheil, die lydischen Herren werden immer mehr Philhellenen, die griechischen Heiligthümer, besonders die Stätten des Apollodienstes, der ihnen als durchaus altangehörig erschien, werden mit Geschenken reich begnadigt; schon Gyges legt hohen Werth darauf, von einem magnesischen Rhapsoden ob seiner Amazonenkämpfe besungen zu werden. Unter Croesus wird Sardes ein Wallfahrtsort griechischer Dichter und Philosophen. Schon lange arbeiten griechische Erzgießer und Bildhauer für den Schmuck der Königsburg wie der von Lydien begabten Tempel. In der Gräberform wird die uralte mäonisch-pelasgische Form, die wir am Golf von Smyrna näher kennen lernten, beibehalten, vielleicht wieder zur Geltung gebracht, im Gegensatz zu den Herakliden- oder Sandonidengräbern, aber der gewaltige Maßstab dieser Königsgräber, wie eines Alyattes, die Straße, die dazu geführt war, mannigfache Funde darin, weisen auf die Einwirkung orientalischer Sinnesweise und orientalischer, specifisch syrisch-phönikischer Fabrikate und Schmuckweise. Crösus ist eine eigenthümlich anziehende, priesterlich königliche Figur, an einen Salomo oder Harun al Raschid erinnernd, aber wie zum Unglück und zum würdevollen Tragen desselben bestimmt. Wie schaut das arme Sparta, das bescheidene Athen staunend hinüber zu den Herrlichkeiten von Sardes!

Da bricht über das lydische Reich die große Katastrophe ein, welche die nationale Selbständigkeit dieses Landes für immer abschließt. Das asiatische Großkönigthum, übergegangen auf das ganz indogermanische, reich begabte, kräftige Perservolk, schreitet unter Kyros über die alten Gränzen innerasiatischer Herrschaft, über den Halys, den Kizil Irmak. In für uns unverständlicher Sorglosigkeit oder einem blinden Gottvertrauen zieht Cröſus nach Sardes sich zurück und in vierzehn Tagen nach der Ankunft der Perser wird die bisher für uneinnehmbar geltende Akropole von der Südseite, dem steilsten, dem Tmolus zugewendeten Abhange aus erstiegen. Den unglücklichen König umſtrahlt in der Tradition, ähnlich einem Sardanapal, der Feuerglanz, aber er geht darin nicht unter, der Götterfreund wird wunderbar gerettet. Der Lichtgott Apollo, der auch über Hagel und Ungewitter gebietet, rettet seinen Verehrer.

Sardes wird durch die Perser nichts weniger als zerstört, im Gegentheil zu dem Mittelpunkt der persischen Macht in Kleinasien gemacht. Der von Backsteinen gebaute königliche Palast des Cröſus in der Unterstadt erhält sich noch lange und ward von der Stadt später als Gerusia, als angenehmes Casino gleichſam, vielleicht sogar als ein Ruhewohnſitz der älteren Bürger benutzt. Eine starke persische Colonisation und zwar von Anwohnern des kaspischen Meeres, den Hyrkanen, findet in der lydischen Ebene statt, ein Gebiet ward das Kyrosfeld genannt; auf der Höhe des Tmolus bauen sich die Perser eine prächtige Warte, um weithin Hermos- und Kayſterthal zu überſchauen, die persische Göttin Anahit, als Artemis von den Griechen bezeichnet, bekommt ihre besonderen Heiligthümer und Feueraltäre werden auf den Höhen des Tmolus errichtet. Die Landeskultur sinkt nicht, im Gegentheil legen persische Satrapen nun hier bei dieser „Susa" Kleinasiens ihre Paradiese, ihre schönen Baumgärten an. Gewaltige Reichthümer sind in den Händen einzelner Lyder vereint, aber der stolze, ritterliche Sinn der Lyder wird allerdings gänzlich gebrochen, ihre nationalen Rechte und Sitten der Willkür der Satrapen anheimgegeben.

Um so mehr erbittert der auf Sardes geführte glückliche Handstreich der Athener und Jonier (499 v. Chr.), welche von Ephesus aus durch das Kaysterthal vorgehen, den Tmolos übersteigen und die Stadt, sie von hinten überfallend, indem sie das Paktolosthal hinabsteigen, offen und unvertheidigt finden. Die Akropole wird jedoch von den Persern unter Artaphernes gehalten, andere Lyder und Perser sammeln sich auf dem Marktplatz und leisten Widerstand. Durch Unvorsichtigkeit verbreitet sich das Feuer von einem Hause aus, über die ganze Stadt in ihrem ganzen äußeren Umfange bei dem leicht entzündlichen Material der Häuser. Die Athener müssen sich noch am selben Tag nach dem Gebirge zu zurückziehen. Der Brand der Stadt aber, und dabei der des nationalen Heiligthums der Kybebe erregt den gewaltigsten Zorn des Großkönigs gegen Athen und bietet den Vorwand zur Zerstörung griechischer Heiligthümer.

Von Sardes aus beginnt der jüngere Kyros, der eifrige Philhellene seinen Eroberungszug nach Oberasien, vor Sardes liefert am Paktolos Agesilaos den Persern, und zwar dem größten Heeresaufgebote seit Xerxes Zeiten, eine Schlacht und erbeutet das ganze Lager, während Tissaphernes ruhig in der Stadt sich hält. Als zwei Menschenalter später Alexander der Große nach der Schlacht am Granikos und der Einnahme von Daskylion direkt auf Sardes losgeht, wird ihm Stadt und Burg, die immer scharf unterschieden werden, jene von den vornehmsten Einwohnern, diese vom persischen Befehlshaber übergeben. Reiche Schätze fallen in der Burg in seine Hände, ebenso wichtige Papiere über die persischen in Athen und sonst in Griechenland gegen ihn angezettelten Intriguen. Hier auf der Höhe der Akropole, deren ganze militärische Bedeutung ihm klar ward, gedachte er dem

Olympischen Zeus, dem Gott seiner Heimath und seines Geschlechtes, den er in Olympia auch hoch feierte, einen Tempel zu errichten. Sturm und ein furchtbares Gewitter wird ihm zum göttlichen Wahrzeichen, ihn dagegen an der Stätte des alten lydischen Königspalastes zu errichten. Die Burg wird nun zu einem militärischen Haltepunkt der Macedonier gemacht, die Selbständigkeit der Lyder aber, ihre alten Rechte daneben anerkannt; ihr altes Heiligthum der Diana Gygaea, am Gygischen See mit einem bedeutenden Asylrechte ausgestattet. In den reichen lydischen Gefilden wird eine starke macedonische Veteranenansiedelung gegründet, die bis in die römische Zeit ihr besonderes politisches Gemeinwesen behielt.

Sardes schien ganz dazu bestimmt, nun als hellenisirte Stadt den politischen Mittelpunkt des kleinasiatischen Binnenlandes abzugeben. Wir können nur aus zufälligen Andeutungen entnehmen, in welch großem Umfang die Stadt nun, mit Heranziehen der offenen Vorstädte durch gewaltige Mauern befestigt, erscheint. Die Anlage des Theaters, des Gymnasiums, Hippodroms und überhaupt der griechischen agonistischen Bauwerke, ebenso jenes großartigen ionischen Tempels, füllt diese Zeit Alexander's und der nächsten Nachfolger. Aber eine gefährliche Rivalin ersteht Sardes in der bis vor Kurzem unbedeutenden Bergfeste in dem nachbarlichen Kaikosgebiete, in Pergamon, welches zugleich wie der Seeluft genießt, so des leichten, nächsten Verkehrs mit einer Hafenstadt, seitdem dieses die klug gewahrte Schatzkammer zunächst eines Attalos, dann der Mittelpunkt eines selbständigen durch die Siege über die Gallier und durch die Pflege ächt griechischer Cultur starken Königthums geworden war. Die pergamenischen Gründungen wie Attalia, Philadelphia, Apollonidea in der Nähe von Sardes waren nicht im Interesse desselben gemacht. Eine furchtbare und hartnäckige Belagerung von Sardes zunächst, dann noch ein Jahr weiter seiner Akropole in den Jahren 216—214 v. Chr. entscheidet gegen die alte Königstadt. Galt es zunächst auch nur für den jungen König Antiochos III., die kleinasiatischen Besitzungen der Syrer gegen die ganz selbständige Stellung des Vetter Achaeos und gegen Laodike, welche in Sardes residirten, neu zu sichern, so erscheint dabei Attalos II. von Pergamon als der erbittertste Gegner des Achaeos. Die eingehende und klare Darstellung des Polybios giebt uns über die ganze Oertlichkeit richtige und flüchtig bisher nur benutzte Fingerzeige. Achaeos hatte in der That geglaubt, „am sichersten Ort der Welt" zu sein und würde ohne feingezettelten Verrath sich völlig auf der Akropolis oder den Akropolen, wie es bestimmt heißt, haben halten können. Die Plünderung und das Verderben der Stadt war übrigens ein vollständiges.

Und doch ist es dasselbe eroberte Sardes, welches ein gutes Jahrzehnt darauf der Stützpunkt der Macht desselben Antiochos und seiner Unternehmungen gegen die nach Asien übergehenden Römer wird. Als die welthistorische Schlacht bei Magnesia, deren Feld wir vom Niobebild überschauten, so nahe bei Sardes geliefert war (190 v. Chr.), eilt der König nach Sardes und von da dann weiter. Von einem Widerstand der Stadt ist dabei nun keine Rede. Sardes und die Burg fällt sofort in römische Hände. Offenbar lebt in der Bevölkerung keine Opferfreudigkeit für den, der vor 15 Jahren sie nur nach hartnäckigstem Kampf erobert und furchtbar geschädigt. Im Gegentheil, Sardes wird nun eine von den Römern bevorzugte, mit Schutzbriefen, Vorrechten und Titeln reich geschmückte Stadt. Dahin berief der römische Legat C. Sulpicius Gallus alle, die gegen den Pergamener Eumenes, welchem Rom vorerst diese ganze Gegend übergeben hatte, zu klagen hatten, und zehn Tage lang ward im

Gymnasium zu Sardes jedweder Vorwurf, jedwede Verläumdung freundlichst angehört. Sardes tritt dann in der römischen Verwaltung an die Spitze eines großen, das eigentliche Lydien umfassenden Gerichtssprengels, es wird Metropole genannt und feiert Feste im Namen von der Provinz Asia.

Ein furchtbares Naturereigniß, eines der größten Erdbeben, die das Alterthum kannte, schien im Jahre 17 n. Chr. die Geschichte von Sardes, wie die von Sipylos für immer zu schließen und nun das sprichwörtliche „Leid der Sarder" zu verewigen. Zwölf Städte im Bereiche des Hermosthales und der nachbarlichen Küste wurden davon betroffen, am schwersten Sardes, wie wir früher schon aussprachen. Der Dichter Bianor besingt in einer Elegie: „die alte Gyges- und Alyattesstadt, die einst mit Goldplatten den uralten Fürstensaal bedeckt, nun unselig und leidvoll in Ein Unheil entrafft ward, in die Tiefen weitgähnenden Schlundes gestürzt. Was Helike und Bura vom Meere begegnet, das hat Sardes nun auf dem festen Land durch Versinken erfahren." Aber nach dem ausdrücklichen Zeugnisse des zeitgenössischen Geographen ward doch nur ein wenn auch großer Theil der Gebäude dabei umgestürzt, das Leben der Bevölkerung ward freilich, da das Erdbeben plötzlich in der Nacht eintrat, schwer beschädigt. Große Mittel werden vom römischen Staat und aus der Privatkasse des Kaiser Tiberius zur Erneuerung aufgeboten: gänzlicher Erlaß aller Abgaben auf fünf Jahre, eine Summe von zehn Millionen Sestertien für Sardes allein. So erhebt sich die Stadt rasch aus ihren Ruinen und behauptet, in einem herrlichen Klima, bei dem reichen Erntesegen der Ebene, wie des mit den trefflichsten Wein- und Kastanienhainen bewachsenen Gebirges von Neuem eine hervorragende Stellung unter den Städten im weiten Umkreis. Bei dem thronenden Tiberius im Forum des Caesar zu Rom stand in der Statuenreihe der dankbaren Städte die Gestalt der Stadtgöttin Sardes in feierlicher, nationaler Würde, zur Seite der kleine Plutos an sie sich schmiegend. Dies gewaltige Erdbeben aber hat der Physiognomie derselben ihren bis heute unauslöschbaren Charakter gegeben: die wunderbar gestalteten Ueberreste der Akropole, die tiefen Schlünde und Ueberhänge zeugen von jenem Erdbeben wie fast alle von uns betrachteten Gebäude bis auf den ionischen Tempel von dem raschen, neuen Aufbau mit mannigfaltigem älteren Material. Ganz besonders macht sich dies am Gymnasium, am Theater, am Stadion geltend.

Die bunte Mischung der Bevölkerung war gewiß seit jener Katastrophe noch größer geworden. Wir lernten ja in der Frühzeit der Stadt die entschiedenste Mischung der mäonisch-phrygischen und pelasgischen kleinasiatischen Bevölkerung mit einem starken, semitischen Elemente kennen. Im Handel und Wandel haben die letzteren wohl eine große Rolle auch später dort gespielt. Dazu kamen dann Griechen, Perser, Macedonier und weiter auch Gallier, die nahe genug ihr eigenes festes Gebiet sich gegründet, endlich römische Beamte aller Art So findet die Predigt des Evangeliums frühzeitig Eingang, natürlich zunächst bei einer hier auch vorauszusetzenden Judengemeinde, aber mit schweren Worten straft Johannes der Apokalyptiker die Gemeinde zu Sardes in einem der sieben Sendschreiben. „Du hast den Namen, daß du lebest und du bist todt," „deine Werke sind nicht völlig vor Gott", „nur wenige sind, die nicht ihre Kleider besudelt haben und einst in weißen Kleidern wandeln werden. Thue Buße, sei wachsam und stärke, was absterben will." „Wie ein Dieb in der Nacht, so wird der strafende Herr über sie kommen." Die beiden Nachbargemeinden zu Thyatira und zu Philadelphia haben ganz anders treu und eifrig sich gezeigt, als das große, reiche, vielfach gemischte Sardes, dessen Bischof übrigens balb eine hervorragende Stellung, der Bedeutung der Stadt gemäß, unter den übrigen Bischöfen in Lydien einnahm und noch 1250 n. Chr. z. B. auf Synoden ausdrücklich genannt wird. Der Kampf christlicher und heidnisch-philosophischer Lehre und Weltanschauung scheint hier lange geführt zu sein: ist einer der ersten Apologeten des Christenthums Melito von Sardes, so der heftigste Gegner desselben und bittere Geschichtschreiber der alten Philosophie Literatur und Eunapios im Anfang des 5. Jahrhunderts ebenfalls von dort. Ja, der letzte Bischof des bereits zerstörten Sardes, Dionysios, wirkt noch mit auf den großen zur Vereinigung der orientalischen mit der occidentalischen Kirche gehaltenen Concilien und stirbt 1437 in Italien. Der Bischofssitz wird nach Philadelphia verlegt. Noch im vorigen Jahrhundert sahen Reisende die Kirche aufrecht, deren traurige Ueberreste jetzt von Jürükenhütten besetzt sind.

Mit dem furchtbaren Zerstörungszug Timurs (gen. Tamerlan) nach der Schlacht bei Angora an die Seeküste bis Smyrna, im Jahre 1402 und mit den darauf folgenden Kämpfen der Osmanensultane gegen die mongolische Herrschaft schließt auch die Geschichte der Stadt Sardes. Seitdem ward diese Landschaft furchtbar verödet und eine Stätte wandernder Turkomanenfamilien.

Mit diesem düstern Schlusse der historischen Erinnerungen sind wir unmittelbar in der Gegenwart wieder angelangt. Sollen wir mit ihm wirklich Abschied nehmen vom Reiche des Tantalus und Crösus? Noch heut leuchtet die Sonne ebenso glänzend, ja blendend über den Ruinen der alten Sonnenstadt, noch heut beut die Natur im Gebirge wie in der prachtvollen Ebene ihre Schätze dar, noch heute wird die wichtige Lage dieser Stätte sich wieder bewähren, werden die dem Menschen verderblichen Fiebergeister schwinden, das Hermosthal in seiner unmittelbaren Nähe zu dem herrlichen Golf von Smyrna, in seiner Bedeutung als großer

Verkehrsstraße nach dem hohen Binnenland Kleinasiens zu einer neuen Stätte des Reichthums in Bodenkultur und Industrie werden, wenn einmal die große orientalische Frage gelöst wird. Manches wird schon geschehen, wenn in wenig Jahren nun auch bis Sardes und weiter Adalia europäischer Unternehmungsgeist die Eisenbahn geführt hat und dadurch ebenso den bereits gemachten, aber wie wir selbst erlebten, doch nur sporadischen und in sich widerspruchsvollen Versuchen wirklicher Landeskultur durch die reichen griechischen Familien von Smyrna ein fester Stützpunkt gegeben wird, wenn deutsche Ingenieure, wie dies bei Bergama geschieht, Straßen dann zur Eisenbahn hinbauen. Wichtig wird das schon jetzt überall sichtbare Vordringen der christlichen, zunächst griechischen Bevölkerung. Ob es möglich sein wird, wie einst Ludwig Roß, ein so genauer Kenner des griechischen Orientes, in einer eigenen Schrift ausführte, den Strom deutscher, besonders auch bäuerlicher Auswanderung nach Kleinasien zu lenken, vermag ich nicht zu entscheiden; so abenteuerlich ist der Gedanke nicht, als er erscheint.

Aber das ist gewiß, daß Deutschland eine große Aufgabe in diesem herrlichen Lande hat und ganz besonders im Gebiete des geistigen und sittlich religiösen Lebens. Was bereits in Smyrna mit geringen materiellen Kräften, aber mit deutscher Religiosität, Tüchtigkeit, Umsicht, Sittenstrenge und Freiheit des Gesichtskreises geschieht in der Erziehung der einheimischen besonders weiblichen Jugend, in dem Anknüpfen der deutschen evangelischen Gemeinde an das griechische und armenische Christenthum ohne Proselytenmacherei, was dort von wissenschaftlicher und z. B. musikalischer Anregung durch deutsche Lehrer und Kaufleute geleistet wird, ist bedeutender, als man in der Heimath ahnet. Die consulare Vertretung des neuen deutschen Reiches begreift und fördert diese Gesichtspunkte nach Kräften. Aber es kann besonders durch ein größeres Interesse des deutschen Mutterlandes an der dortigen kleinen Colonie, durch ein staatlich geschütztes, mit mäßigen Mitteln durchführbares Entsenden junger tüchtiger, praktischer wie lehrender und wissenschaftlicher Kräfte an den wichtigsten Punkt der Levante noch viel geschehen. Dann wird auch Deutschland, wenn der letzte nothwendige Schritt erfolgt und auch von dem Küstenland Kleinasiens der erbleichende Halbmond weicht, einen festen und tief wurzelnden Einfluß in der dortigen Bevölkerung gewonnen haben, der seiner Mitwirkung an der Neugestaltung eines neuen christlich-griechischen Staates im Archipel zur Unterlage dienen wird.

Anmerkungen.

Die diesem Vortrage zu Grunde liegenden Reiseerlebnisse fallen zwischen den 9 und 23. September 1871. Der Verfasser war zuerst mit den Herren Dr. Gelzer und Hirschfeld sowie Dr. Langhans allein in Smyrna und am Niobebild. Der Ausflug nach Sardes ward dann mit den inzwischen angelangten Herren Prof. Curtius, Major Regely, Baurath Adler und den zwei erst genannten jungen Gelehrten gemacht. Die wissenschaftliche Begründung einzelner Ausführungen wird für einen anderen Ort, den wissenschaftlichen Reisebericht, vorbehalten.

Zur geologischen und physikalischen Betrachtung der Umgebung von Smyrna und des Hermosthales verweise auf das umfassende, auch für den Archäologen nicht unwichtige Werk von Tchihatcheff Asie mineure, 1853—1869 I. p. 22, 98, 230—242. IV. Géologie, V. 3. p. 418 ff. 1. p. 71—74. 514 ff. 585 ff. Für die allgemein geschichtliche Behandlung siehe Duncker, Geschichte des Alterthums. 3. Aufl. I S. 390—434. 872 ff. 466 ff. Als kartographische Unterlage verweise auf die Blätter X und XIII der großen bei Artaria in Wien erschienenen Karte der Türkei, sowie auf Kiepert, topograph.-histor. Atlas von Hellas. Neue Bearbeitung 1870. Zu den Denkmälern der sogenannten Stadt Sipylus bei Smyrna s. Texier, Asie mineure. vol. II. 1849. p. 149—160. pl. 129, 131 bis. Zu dem Niobebild am Sipylos s. die Schilderung und ganze frühere Literatur in des Verf. Niobe und die Niobiden. Leipz.

1864. S. 98—105. Neuste genauere Maß-Angaben bei Henry van Lennep, Travels on little known parts of Asia minor. London, Murray. vol. II. p. 300—317. bei gänzlicher Unkenntniß der deutschen Forschungen. Für Sardes das Beste bis heute bei v Prokesch-Osten, Denkwürdigkeiten und Erinnerungen aus dem Orient. Stuttg 1836. III. S. 25—46. Von Neuern vergl. noch F. G. Welcker's Tagebuch einer griechischen Reise. II. 1865. S. 172 ff. u. A. de Moustier in Tour du monde. Ann. 1864. I. p. 262 ff.; sehr wenig genügend Lennep. 1 l. p. 288 ff. Zu dem lydischen Gräberfe'd s. v. Olfers, über die lydischen Königsgräber bei Sardes und Grabhügel des Alyattes in Abhandl. Königl. Preuß. Akad. d. Wissensch. 1858. S. 539 ff. mit 5 Taf. Zu dem Erdbeben unter Tiberius vgl. O. Jahn, über die puteolanische Basis im Bericht d. Königl. Sächs. Gesellsch. d. Wissensch., philos.-histor. Kl. 1851. III. S. 119—151. Taf. 1—4. Zu dem christlichen Sardes s. Le Quien, Oriens christianus. Paris, 1740. I. p. 860 ff.